Christof Dörper

Wildfutter

Brief an Dein versehrtes Leben

AF185395

Impressum:

© 2017 Christof Dörper

Korrektorat, Layout u.
Umschlaggestaltung: Angelika Fleckenstein

Verlag: tredition GmbH, Hamburg

Printed in Germany

ISBN: 978-3-7439-1584-8 (Paperback)
          978-3-7439-1585-5 (Hardcover)
          978-3-7439-1586-2 (eBook)

Christof Dörper

Wildfutter

Brief an Dein versehrtes Leben

Einleitende Worte

Kaum ein Ereignis erschüttert mehr als die schwere Erkrankung eines sehr nahestehenden Menschen. Mit einem Schlag verändert sich das Leben. Nichts ist mehr wie es vorher war. Nichts wird mehr so sein, wie es vorher war...

Meist erwarten wir eine schwere Erkrankung oder gar den Tod erst im weiten Alter des Lebens. Wenn sie uns dann in der Mitte des Lebens treffen, sind wir überrascht, verwirrt und ohnmächtig. Oft verweigern wir das Ereignis, war unser Lebensplan doch ein anderer. Auch ich fühlte mich ausgebremst, als meine Lebensfreundin und frühere Lebensgefährtin schwer erkrankte, war ich doch auf der Überholspur hin in mein „erfolgreiches" Leben. Ich habe in meinem Leben immer der unvorhergesehenen Wendung Raum gegeben, aber dem endlichen Leben einen Platz einräumen, wollte ich nicht, nicht so früh, nicht in der Lebensmitte. Wir können uns der schweren Erkrankung des nahestehenden Menschen entziehen. Wir können uns dem Ereignis verweigern, uns abwenden oder gar gehen. Doch spätestens, wenn wir selbst schwer erkranken, wird uns die Flucht einholen, uns mahnend und schmerzvoll erinnern. Es wird uns schuldig zerreißen. Oder wir bleiben, lassen uns erschüttern und tun, was zu tun ist. Wir lassen uns ein auf einen Weg, der uns mitten hineinführt in das wirkliche Leben. Wir ziehen den Vorhang und blicken hinein in das *Wunder* des Lebens.

Ich bin geblieben und habe mich eingelassen auf eine Reise, an deren Ende ich mich selbst erkannt und gefunden habe. Das Buch ist mein Reisebericht und Tagebuch. Es beschreibt einen Heilungsweg und Hoffnungsweg, der Angehörigen Mut macht zu bleiben, zu tun was zu tun ist, und dem *Wunder* die Hand zu reichen. Es lässt die Leserinnen und Leser die Versehrtheit und Endlichkeit ihres Lebens anerkennen; es lässt sie erkennen, was in ihrem Leben ist und was sein soll.

Das Ereignis

„Ich habe Angst, begleite mich bitte in mein Seminar. Sei da, sei im Hintergrund, ich fühle mich beschützt mit Dir." Deine Worte klingen noch in mir und werden wohl nie ganz verklingen, nie ganz still werden und mich immer erinnern. Fünfunddreißig Jahre arbeitest Du als Psychotherapeutin, fünfundzwanzig Jahre kennen wir uns... Nie hast Du mich gebeten, in einem Seminar an Deiner Seite zu sein.

Der 3. März 2012 soll ein erfolgreicher Tag werden. Mit einem neuen therapeutischen Angebot betrittst Du die Bühne im alten Kesselraum der Cognac-Brennerei Dujardin. Alles ist „angerichtet" für ein erfolgreiches „Mahl". Alle „Zutaten" sind bereitet, alle Klientinnen sind in Erwartung Deiner therapeutischen Künste. Nur wenige Minuten später: Mit einem Schlag ist Dein Seminar zu Ende und Dein bisheriges Leben. Keine Künste mehr. Kein klares Wort mehr von Dir. Nur der Boden gibt Dir noch Halt und meine Arme. Du selbst verlierst Deinen Halt, Deine Bewegung, Deine Sprache, Deinen Atem...

Ich rufe in den Raum: „Schlaganfall, 112, Notarzt anrufen." Du erwiderst: „nein", gebrochen doch verständlich, mit letztem Widerstand, bis Deine Sprache ganz verstummt. Du weißt, was folgt... Alles was Du für Dich ausgeschlossen hast: Grundsätzlich keine lebenserhaltenden Interventionen und Behandlungen. Doch Du hast Dir eine

Bühne gewählt, die Deinen Patientenwillen ausschließt. Nur mit Dir alleine hättest Du Dein Sterben „leben" können, sogar müssen.

In Sekunden werden in mir wach unsere Gespräche zum Leben und Sterben. In Sekunden erinnere ich die Wanderung auf den Wolfsberg, wo wir uns Sorge und Verantwortung versprachen für unser Leben und Sterben, wo wir uns mit unser beider Patientenwillen begegneten. Alles war bereitet, unseren Willen und unser Versprechen auch schriftlich zu verfügen. Alles war in Kopf und Seele entworfen, bereit, verbindlich geäußert zu werden. Das Jetzt, das Leben hat anders entschieden.

Eine halbe Stunde nach Deinem Einbruch und Fall passiert der Rettungswagen die Schranke der Klinik. Wenige Minuten später beginnt die radiologische Untersuchung. Weinend, zerrissen, tief erschüttert und ohnmächtig nehme ich meinen Platz im Warteraum ein. Die Wartezeit nimmt mich mit in die Endlichkeit Deines und meines Lebens, sie nimmt mich mit an die Grenze des Todes und in die Wirklichkeit des Lebens. Unendlich wird die Wartezeit, unendlich fließt meine Trauer in Tränen. Gefühlte Stunden später erwartet mich die Diagnose: „Schwere Gehirnblutung am Stammhirn." Ohne die große intensivmedizinische Behandlung, ohne massive Überlebenseingriffe wirst Du sterben, so die Rückmeldung des Leitenden Oberarztes.

Blut fließt in Dein Gehirn. Deine Sprache, Deine Bewegung und Dein Atem ertrinken. Dein Leben droht zu ertrinken...

Alles ist möglich. Du wirst atmen können, sprechen, essen, Dich bewegen; nach langen Monaten der Rehabilitation aufstehen und gehen...

Oder Du verbleibst im Wachkoma ohne Aussicht auf eine Wiederkehr in Dein waches, lebendiges Leben. Oder Du wirst wach, doch Dein Leben ist so weit ertrunken, dass Dir kein Wort mehr möglich ist, kein Essen, keine Bewegung. Du wirst fremdernährt und fremdbewegt...

Wahrscheinlich ist: Du bleibst liegen; nie wieder wirst Du einen Schritt gehen, einen Fuß vor den anderen setzen, Du wirst bis zu Deinem Tod gebunden sein an pflegende Hände.

Ich übermittele Deinen Patientenwillen, Deine Einstellung und Haltung zum Leben und Sterben, Deine Verankerung im Buddhismus. Ich übermittele Deinen klaren Willen: „keine lebenserhaltenden intensivmedizinischen Behandlungen".

Es gibt keine schriftliche Verfügung Deines Willens, die mir die Möglichkeit gibt, den Ärzten Deine Einstellung und Haltung zu dokumentieren. Die Ärzte formulieren sehr klar: „Herr Dörper, wir nehmen den mutmaßlichen Patientenwillen von Frau Jans zur Kenntnis. Es gibt jedoch keine ethische und juristische Möglichkeit, die intensivmedizinische Behandlung einzustellen; es wäre fahrlässige Tötung. Herr Dörper, wir können auf Anruf die intensivmedizinische Behandlung nicht einstellen, wir kennen Sie gerade einige Minuten, und die Diagnose sagt – es gibt die Chance zurückzukehren in ein selbstbestimmtes Leben. Solange es diese Chance gibt, können wir die Behandlung nicht einstellen, ist die Chance auch noch so klein. Wählt Frau Jans den Weg weiterer Komplikationen, die massive Eingriffe in ihr Gehirn notwendig machen, werden wir gemeinsam entscheiden, ihren Patientenwillen respektieren und sie gehen lassen."

Ohnmächtig bleibe ich zurück, ohne Macht entscheiden zu können. Der Medizinbetrieb hat das Wort, ist aber auch im Wort der Unterstützung, im Wort, Dir eine Chance anzubieten und zu ermöglichen – sei die Chance auch noch so klein. Ohnmächtig verharre ich, zerrissen, angstvoll und hoffend, dass alles möglich ist und wird, hoffend, dass Dein Körper und Deine Seele das *Wunder* ergreifen...

Die Wochen auf der Intensivstation

Täglich trete ich an Dein Bett und begegne wieder und wieder Deinem Patientenwillen. Ich sehe Dich wieder und wieder in einer Lebenswirklichkeit, die Du für Dich nie wolltest und immer abgelehnt hast. Du liegst im künstlichen Koma, wirst über Schläuche beatmet, ernährt und mit Medikamenten versorgt. Du hängst an Instrumenten. Monitore, links und rechts Deines Bettes machen mir jederzeit deutlich: Du wirst künstlich und technisch im Leben gehalten. Was für ein Leben?

Wieder und wieder bin ich im Ereignis Deines Einbruchs, Deines Anfalls, Deiner Gehirnblutung, höre Dein „Nein" zum Notruf. In mir beginnt ein Konflikt, der mich droht zu zerreißen: „Ich habe den Notruf veranlasst, gegen Dich und Deinen Patientenwillen gehandelt, für Dich nicht Sorge und Verantwortung getragen." Wieder und wieder suche ich Antworten und Lösungen in inneren Gesprächen mit mir und im Dialog mit dem Leitenden Oberarzt. Ich suche für Dich Lösungen und Möglichkeiten, die intensivmedizinischen Behandlungen einzustellen. Die Prognose der Ärzte ist offen: Möglich ist Deine Rückkehr in ein selbstbestimmtes Leben, wahrscheinlich erheblich eingeschränkt. Möglich und sehr wahrscheinlich ist Dein Übergang in eine dauerhafte Pflege und Betreuung. Möglich bleiben Dein Sterben und Dein Tod. Eine Einstellung der intensivmedizinischen Behandlung ist und bleibt ethisch und juristisch nicht möglich.

Wieder und wieder erfassen mich Gefühle tiefer Schuld und Ohnmacht, tiefer Trauer und Angst. Wut nimmt mich ein, wütende Angst, dass Dein Körper und Deine Seele das *Wunder* nicht ergreifen, dass für Dich kein *Wunder* vorgesehen ist. Wütende Ohnmacht nimmt mich ein, dass Du hängen bleibst an Instrumenten, Schläuchen und künstlicher Ernährung, dass Du hängen bleibst in der Pflege, warm, satt und sauber, mehr nicht. Wäre ich in die Notfallaufnahme mit einer schriftlichen Verfügung Deines Patientenwillens gekommen, gäbe es die Chance, Dich zu trennen von Monitoren, Dich zu lösen aus lebenserhaltenden intensivmedizinischen Behandlungen.

Sind das Sterben und der Tod Dein Weg? Bin ich Dein Wegbegleiter? Ich mache Dein würdevolles Leben und Sterben zu meiner Verantwortung. Die Antwort und Verantwortung sind mir alleine nicht angemessen. Was ist ein würdevolles Leben? Was ist ein würdevolles Sterben? Ich bleibe irdisch und diesseitig, verharre an der Grenze und hoffe, dass jenseitig ein *Wunder* Dir gegeben ist. Was ich tun kann? Über die Grenze dem *Wunder* die Hand reichen, diesseitig im Jetzt sein und bleiben, tun was zu tun ist, die Aufgaben nehmen und verantworten, die mir angemessen sind, und hoffen und vertrauen und loslassen...

Ich finde mich wieder in der Rolle eines *Projektleiters* – eines *Projektes*, um das ich mich nie beworben habe. Das Leben hat anders entschieden. Kein Wort mehr von Dir, keine Willensäußerung, keine Entscheidung. Deine Gesundheitsfürsorge, Deine Finanzfürsorge, einfach alles obliegt nun mir. Die Klinik beantragt für mich Deine gesetzliche Betreuung. Ich werde Dich nun vertreten, für Dich alle notwendigen Entscheidungen treffen. Nach bestem Wissen und Gewissen werde ich für Dich Anwalt, Freund und Gefährte Deines Lebens sein. Doch ich habe Angst, der Aufgabe nicht gewachsen zu sein. Ich habe Angst, Dein mir anvertrautes Leben nicht tragen zu können; zu schwer wiegt die Aufgabe. Zu schwer ist das Gewicht der wahrscheinlichen Prognose: dass Dir kein selbstbestimmtes Leben mehr möglich sein wird. Kann ich wählen? Ja, ich kann. Ich nehme den „Rucksack" und gehe meinen Weg mit Dir und tue, was zu tun ist, bleibe im Jetzt und verantworte und vertraue. *Im Jetzt sein, im Tun sein und dem Wunder still und fordernd meine Hand reichen* wird zum Leitsatz, der mich tief durchdringt auf lange Zeit.

Am Anfang allen Tuns steht das Wort, die Kommunikation, der Dialog, die Beziehung. Ohne Beziehung, ohne bezogen zu sein, geschieht keine Heilung. Das ist und bleibt die bestimmende Grundlage all meines Tuns. Ich trete ein in einen „Beziehungsraum". Im „Raum" haben Platz genommen Ärztinnen und Ärzte, Pflegerinnen und Pfleger. All diese Menschen treten ein in Deinen persönlichen „Raum", organisieren Deine intensivmedizinische Behandlung.

Du liegst im Koma, kein Wort ist Dir möglich, doch Begegnung mit Dir ist möglich. Wie Dir begegnen im Koma? Du hörst nicht, Du sprichst nicht, Du siehst nicht. Was Du in Dir fühlst, was Deine Seele erkennt, aufnimmt und wahrnimmt, weiß keiner... Dir nicht zu begegnen, ist unterlassene Hilfeleistung. Daher gilt weiter: dem *Wunder* die

Hand reichen, hoffend, dass Dein Körper und Deine Seele dem *Wunder* die Türe öffnen.

Ich unterstütze das *Wunder* und lasse alle, die Dich begleiten, einblicken in Deine Person. Wer Dich nicht kennt, kann Dir nicht begegnen. Ich gebe Dich zu erkennen. Hierzu gehört insbesondere Dein Beruf als Psychotherapeutin, Deine buddhistische Lebensführung, Deine Haltung zu Krankheit und Sterben und Dein Patientenwillen. Viele Gespräche führe ich in Deiner Nähe an Deinem Bett und im Hintergrund. Ich spreche über Dich: Nicht immer werde ich die Worte, Töne und Gefühle in meiner Sprache und Kommunikation finden, die Du für Dich gewählt hättest, die Du für Dich als angemessen und passend empfunden hättest. Sorge und Verantwortung für Dich tragen sind ein Grenzgang und eine Grenzerfahrung... Es ist: einen guten Boden bereiten für Deine mögliche Heilung, Deine mögliche Rückkehr in ein verändertes selbstbestimmtes Leben... Es ist: achtgeben auf das, was intensivmedizinisch für Dich getan wird, mich einbinden in den Behandlungsweg und wenn notwendig und möglich, auf ihn einwirken. Sorge und Verantwortung für Dich tragen ist bei allem Tun, bei allem Verantworten, Dich nicht zu entmündigen, Deinen Willen zu erkennen und zu übersetzen... Es ist, meine Wünsche und meinen Willen für Dich zu erkennen und Dich und mein Tun in guter Beziehung zu verbinden. Ich werde nicht immer in Deinem Sinne handeln können, doch Dir versprechen, nach bestem Wissen und Gewissen für Dich zu handeln.

Ich bin Gefährte und Freund Deines Lebens seit fünfundzwanzig Jahren und formaljuristisch nun Dein gesetzlicher

Betreuer. Immer wieder gibt sich meine Rolle und Aufgabe, in mir als Bild zu erkennen: „Ein Schiff in Seenot, Stürme und Wellen entern das Schiff, es droht unterzugehen, Du drohst zu ertrinken. Ich bin der *Kapitän* an Bord und führe das Schiff durch die Stürme und Wellen, ausgestattet mit der Autorität und den Fähigkeiten, die notwendig sind, es sicher in den „Hafen" zu bringen." Ich kann die Stürme und Wellen nicht beruhigen, dazu bedarf es eines *Wunders.* Doch ich kann, wenn es Deine und meine Hand ergreift, das Schiff lenken, tun, was zu tun ist, lenken und entscheiden, was mir gegeben und angemessen ist, um Dich sicher in den „Hafen" zu bringen.

Die intensivmedizinische Behandlung formt sich weiter. Weiterhin wirst Du im Koma gehalten, beatmet und intravenös ernährt. Dein Gehirn blutet weiter. Der Gehirndruck steigt weiter: Vielleicht muss Dein Gehirn geöffnet werden, damit der Druck entweichen kann. Deine Gehirnnerven ertrinken dort, wo die Blutung fließt und nicht zum Stillstand kommen will. Weiterhin kannst Du sterben. Es folgen die ersten Einwilligungen und Entscheidungen: Luftröhrenschnitt und Trachialkanüle, Blasenkatheter und Magensonde. Was folgt noch? Der Gehirnöffnung will ich nicht zustimmen müssen. Tage bange ich, warte angstvoll auf den Stillstand der Blutung, hoffend und vertrauend auf das *Wunder.* Nach vier „unendlichen" Tagen endlich die Entwarnung. Die Blutung steht, der Gehirndruck fällt. So zeigen es die bildgebenden Verfahren, so zeigt es die Computertomographie. Was sein wird, das lässt sich nicht erkennen; das käme dem Lesen des Kaffeesatzes gleich. Dort, wo das Blutgefäß verletzt ist und eingeblutet hat in

Dein Stammhirn ist ein weißer Fleck so groß wie ein Golf-ball. Dies ist jenseits der Grenze, die der Medizin erlaubt, eine günstige Prognose zu wagen. Wie ein Schleier verbirgt der weiße Fleck den Blick auf die wirkliche Verletzung und Schädigung. Nie wieder wird sich der Schleier zurückziehen. Nie wieder werden sich die geschädigten Nerven von der Blutung erholen. Die Hoffnung gilt der Plastizität Deines Gehirns und seiner Fähigkeit, an anderer gesunder Stelle, die Aufgaben und Funktionen der geschädigten Region neu zu lernen und zu übernehmen. Was genau im Gehirn passiert, wie die Aufgaben und Funktionen übernommen werden, ob und wie der Heilungsprozess verläuft, hierauf haben die Medizin und Wissenschaft heute noch keine klare Antwort. Meine Angst hätte die Antwort gerne.

Du wirst weiterhin im Koma gehalten. Später dann, in zwei Wochen vielleicht, sollst Du erwachen aus der scheinbaren Ruhe, wieder selbstständig atmen, wenn es Dir möglich ist. Die Blutung steht. Die Heilung hat begonnen, so hoffe ich. Täglich, Stunde um Stunde, sitze ich an Deinem Bett und reiche dem *Wunder* die Hand, lege meine Hand in Deine und suche einen Zugang und Weg zu Dir...

Du hörst nicht, sprichst nicht, siehst nicht,

Deinen Körper kannst Du nicht bewegen.

Was Du in Dir fühlst, was Deine Seele erkennt,

aufnimmt und wahrnimmt, weiß keiner.

Dir nicht zu begegnen, ist Hilfe unterlassen,

ist dem Wunder die Türe verschließen.

Ich trete wieder und wieder an Dein Bett,

links und rechts die Monitore, die Dich im Leben halten.

Was kann ich tun?

Wieder und wieder meine Hand in Deine legen

und dem Wunder die Hand reichen.

Wieder und wieder einen Zugang finden in Deine Seele:

auf dass sie meine Hand in Deiner spürt,

auf dass sie den Buddha wahrnimmt,

der wachend und beschützend an Deinem Bett steht,

auf dass sie die Fotos sieht aus Deinem Leben,

die an den Monotoren hängen und sich in ihnen verortet,

auf dass Deine Seele die Geschichten und Gedichte hört,

die ich ihr vorlese,

auf dass sie die Rhythmen der leisen Heilklänge hört,

die ich ihr vorspiele,

auf dass sie die Klänge meiner Seele hört,

die Dich liebend begleitet.

Was kann ich tun?

Bei allem Tun und Verantworten:

Dich nicht entmündigen,

Deinen Willen erkennen und übersetzen,

meine Wünsche und meinen Willen für Dich erkennen

und Dich und mein Tun

in achtsamer Beziehung verbinden,

mit allen medizinischen Helfern sprechen

an Deinem Bett,

auf dass Deine Seele

auf Deinem Heilungsweg hören kann,

was sie tun kann, um Deinen Körper mitzunehmen.

Alles sollst Du hören,

auf dass Deine Seele entscheiden kann,

welchen Weg sie gehen kann und will.

Was Du in Dir fühlst, was Deine Seele erkennt,

aufnimmt und wahrnimmt, weiß keiner.

Dir nicht zu begegnen ist Hilfe unterlassen,

ist dem Wunder die Türe verschließen.

Was kann ich tun?

Leise in Deine Seele flüstern:

Ich bin da und bleibe.

Zwei Wochen später, Schritt für Schritt, erwachst Du aus dem künstlichen Koma. Du atmest wieder selbstständig. Dein Blutdruck und Deine Herzfrequenz pendeln sich auf ein normales Niveau ein. Du öffnest die Augen. Von Stunde zu Stunde kehren Bewegung und Leben zurück in Deine Augen. Doch vorerst bleibt ihr Blick ungerichtet. Ich suche Dich in Deinen Augen und fühle mich von Dir erkannt. Oder ist es meine Angst, die will und hofft, dass Du mich erkennst? Tief verunsichert, nähere ich mich Dir an, verweile mit meinen Händen in Deinen, mit meinen Augen in Deinen und stelle mich auf eine lange Reise ein. Willentlich ist Dir keine Kommunikation möglich, nicht mit Deinen Augen, nicht mit Worten. Was Du hörst, weiß keiner. Die einzigen Zeichen senden vorerst Deine Augen. Ich sehe zarte Bewegungen, wenn ich mich bewege: Zart begegnen sie mir, wenn ich Dein Zimmer betrete, zart folgen sie mir, wenn ich Dein Zimmer verlasse. Oder ist es meine Angst, die will und hofft, dass Du Dich bewegst? Nein, es sind meine Wahrnehmung und mein Blick auf Dich. Ich gebe Dich auf, wenn ich nicht in jeder zarten Bewegung das *Wunder* sehe. Ich werde mich halten in der Hoffnung, dass Dir eine Rückkehr in ein verändertes, selbstbestimmtes Leben möglich ist. Ohne diese Haltung mache ich mich zum Bestatter Deines Lebens, obwohl Du noch nicht gestorben bist. Keiner weiß, was Dir gegeben ist. Keiner weiß, was Dir möglich sein wird. Daher werde ich nicht müde, Dich im Leben zu halten. Doch meine Haltung wird immer wieder auf die Probe gestellt: Immer dann, wenn die Medizin und ihre Diagnostiker die zarten Bewegungen Deiner Augen als Nervenimpulse sehen, immer dann, wenn die Ärztinnen und Ärzte Dich im Wachkoma sehen, eine lange Zeit bleibend.

Was kann ich tun? Da sein und bleiben, Stunde um Stunde an Deinem Bett sitzen, Deine Hand nehmen, Dir vorlesen, mich Dir wieder und wieder zeigen, auf dass Deine Augen mich wiedererkennen, voll und ganz. Ich halte Dich und lasse Dich los, auf dass: „Du aufstehst und *gehst*", irgendwann.

Zwei Wochen später sind Deine Augen so weit geöffnet, so weit gerichtet, dass meine letzten Zweifel der Zuversicht weichen. Du bist orientiert, Du kannst mich erkennen und sehen. Wie Du mich siehst, ob voll und ganz, weiß keiner. Du wirst es mir sagen, bald, so hoffe ich. Viel mehr kann die Intensivmedizin für Dich nicht tun, als das, was erreicht ist. Dein Zustand ist stabil. Du atmest selbstständig. Deine Augen sind gerichtet, Kontakt ist Dir möglich. Blutdruck, Herzfrequenz und Sauerstoffkapazität haben sich auf ein Normalniveau eingependelt. Dennoch überrascht mich die Planung der Klinik und des Leitenden Oberarztes, Dich schon jetzt vorzumerken für die anschließende neurologische Frührehabiliation. Sobald ein Platz gefunden ist in einer geeigneten Klinik, sollst Du verlegt werden. Ja, ich bin froh; noch vor Wochen war Dein Tod möglich und wahrscheinlich. Ja, ich bin froh, es geht weiter. Doch ich habe auch Angst, dass es nicht weitergeht, Dir keine weiteren Schritte der Heilung mehr möglich sind, Deine Füße nie wieder einen Schritt gehen werden. Ich kann wählen, in meiner Angst zu erstarren oder weiter der Hoffnung zu folgen. Ich „umarme" meine Angst und tue weiter, was zu tun ist.

Die Klinik hat für Deine Rehabilitation zwei Häuser aus ihrem Konzern vorgeschlagen und Dich dort angemeldet. Hattingen und Bad Oderborn stehen zur Wahl. Später dann erfolgt die verbindliche Bestätigung aus Bad Oderborn. Es ist verständlich, dass die Klinik Dich zur weiteren Behandlung in ihrem Konzern halten will. Jedes andere Wirtschaftsunternehmen würde so handeln. Viele Patienten und ihre Angehörigen wissen jedoch nicht um ihr Recht, die Klinik und damit den weiteren Verlauf der Rehabilitation selbst wählen zu können. Meist sind die Angehörigen in einer existenziellen Grenzsituation und emotional hoch belastet. Häufig fehlt ihnen auch einfach die Zeit, ihr Wahlrecht zu beanspruchen, um eine Alternative zu finden. Oder ihnen fehlen der Mut und die Kompetenz, der Intensivklinik eine Alternative vorzuschlagen und diesen Weg unbeirrt und entschieden zu gehen. Ich nehme mir die Zeit und bin dankbar ob meiner persönlichen und fachlichen Kompetenzen. Drei volle Tage recherchiere ich, telefoniere mit Rehabilitationskliniken in ganz Deutschland, um für Dich und Deinen weiteren Behandlungsweg eine geeignete Klinik von hoher Qualität zu finden. Die Recherche ist erfolgreich. Ich wähle eine Fachklinik für neurologische Frührehabilitation aus Köln und lasse Dich dort vormerken. Sofort veranlasse ich, dass der Klinik Deine gesamten Befundberichte zur abschließenden Klärung zugesandt werden. Die Klinik bestätigt mir am nächsten Tag deine Aufnahme. Doch ohne die Zusage der Krankenversicherung wird aus der Vormerkung keine verbindliche Zusage. Ich nehme Kontakt auf mit Deiner Versicherung, kläre die Kostenübernahme und bitte den Sachbearbeiter, der Klinik die Zusage zeitnah zu bestätigen. Klinik und

Krankenversicherung treten in Kontakt und klären innerhalb weniger Stunden Deine Aufnahme. Unbeirrt und entschieden nehme ich für Dich das Wahlrecht in Anspruch und teile der behandelnden Klinik mit, dass Du zur weiteren Rehabilitation nach Köln verlegt wirst. Bis zur endgültigen Verlegung verlässt Du die Schlaganfallstation und wirst auf einer Übergangsstation intensivmedizinisch weiter betreut. Ein wenig habe ich jetzt das Gefühl, auf einem normalen Krankenzimmer zu sein: Die Instrumententürme links und rechts Deines Bettes weichen wenigen kleineren Apparaturen und Monitoren. Ist das nun ein Fortschritt, der mich weiter dem *Wunder* die Hand reichen lässt? Ja, Dein Tod war sehr wahrscheinlich. Ja, Du kannst hören und sehen. Möglich ist, dass Du wieder sprechen kannst. Möglich ist auch, dass Du Dich wieder bewegen kannst: was und wie, weiß keiner. Möglich ist, dass Du versehrt und selbstbestimmt in Dein Leben zurückfindest...

Noch wenige Tage dann wirst Du verlegt in die Rehabilitationsklinik nach Köln. Ich blicke zurück in den Weg der letzten fünf Wochen. Ich blicke in die Spuren und erkenne, wie mich Deine Wegbegleitung zu verändern beginnt. Kaum ein Ereignis erschüttert mehr als die schwere Erkrankung eines sehr nahestehenden Menschen. Mit einem Schlag verändert sich das Leben. Nichts ist mehr, wie es vorher war. Nichts wird mehr so sein, wie es vorher war. Du nimmst mich mit auf einen Weg, den ich nie gewählt habe. Ich finde mich wieder in der Rolle des *Kapitäns*, doch ohne Kapitänspatent. Ich finde mich wieder in der Rolle des Pianisten, der ein Konzert gibt, während er noch lernt, das Klavier zu spielen. Ich habe keine Zeit, den „Anzug" anzuprobieren und anzupassen, der notwendig wird, Dich zu begleiten. Ich werde hineinwachsen, während ich den Weg mit Dir gehe.

Wut, Angst, Ohnmacht nehmen sich Raum. Mache ich den Weg nicht zu meinem, werde ich irgendwann und irgendwo den „Rucksack" absetzen, den mir das Leben aufgesetzt hat, den Du mir aufgesetzt hast. Ich will weglaufen, bin voller Sorgen und will mich „entsorgen", will die Aufgaben „entsorgen". Doch ich weiß, wenn ich weglaufe, stehle ich mich aus der Verantwortung, aus der Verbindlichkeit, aus der Liebe. Und der Diebstahl wiegt so schwer, dass mir kein Laufen mehr möglich ist und ich mich „verhafte" ein Leben lang. Ich kann *mitfließen* oder ertrinken im Strudel der Anforderungen und Aufgaben. Ich *fließe* mit, denn *fließendes* Wasser kann ich nicht festhalten. Ich treffe eine Entscheidung: Meine berufliche Selbstständigkeit ist eine ortsabwesende Tätigkeit, ich stelle sie ruhend mit dem Risiko, sie ganz einstellen zu müssen, später dann. Ich lasse mich ein auf einen Weg, auf dem ich nicht weiß, was mich erwartet. Doch eines weiß ich, der Weg wird mich nachhaltig verändern, wie ein starker Wind unaufhaltsam durch meine „inneren Räume" wehen und mich verrücken und entrücken. Ich weiß, er wird Einstellungen und Haltungen aus mir wehen, von denen ich glaubte, sie seien gesetzt, unumstößlich und fest. Nichts wird mehr an dem Platz sein, wo es vorher war und stand. Der Weg wird mein Leben neu ordnen.

Ich schaue auf meine „innere Bühne" und ahne: Protagonisten, die bisher das Wort führten, treten zurück, Hauptdarsteller treten ab und werden zu Nebendarstellern, aus dem Hintergrund treten Darsteller in den Vordergrund.

Und in der Ecke stehen die Endlichkeit meines Lebens und der Tod, immer mahnend, auch ich werde sterben, irgendwann in der Rolle der einzigen Darsteller und bereit den Vorhang zu ziehen. Ich erkenne mein ungesichertes Leben; ich erkenne an: *Jedes Wort kann das letzte sein...* „ja auch dieses"; *jeder Schritt, jeder Atemzug kann der letzte sein.* Im Bewusstsein dieser Wahrheit ereignet sich meine Veränderung. In der Begleitung Deines Lebens verändert und umformt sich mein Leben.

Deine Tasche ist gepackt. Morgen nun endlich wirst Du nach Köln verlegt; dort geht dann Dein Hoffnungsweg weiter. So unwirklich und doch so hoffnungsvoll steht Deine Tasche für die Abreise bereit. Dass es Dir möglich sein wird, Deine Kleidung wieder zu tragen, ist ein *Wunder*. Erst war das Pflegehemd Deine Kleidung, dann lange Wochen wurde das Totenhemd wahrscheinlich.

Ich nehme Abschied von Vorurteilen, von meinem Blick auf die technische Intensivmedizin, vom seelenlosen Medizinbetrieb. Ich habe Menschen getroffen, die ihr medizinisches Handwerk als Seelenwerk verstehen und leben, mit tiefem Verständnis für das versehrte Leben, achtsam und demütig in den Sterbeprozessen ihrer Patienten. Ohne die Gespräche mit dem Leitenden Oberarzt und Palliativmediziner der Intensivstation hätte ich dem *Wunder* wohl zögerlicher die Hand gereicht. Ohne die Gespräche mit dem Leitenden Pfleger, der praktizierender Buddhist ist, hätte ich wohl zögerlicher die Aufgaben Deiner Wegbegleitung angenommen und den Sinn und die Gnade wohl wütend zurückgewiesen. Ich habe mich auf Dich und Deinen Weg eingelassen und Dich angenommen.

Wie seelenvoll und bezogen auch in der hochtechnischen Intensivmedizin gehandelt, behandelt und gepflegt wird, erfahre ich am Tag Deiner Verlegung. Zum Abschied überreicht mir der Leitende Pfleger, für Dich einen tibetischen Gebetsschal, einen „Katha". Er legt ihn Dir symbolisch um Deinen Hals und gibt Dir Schutz und gute Wünsche mit auf Deinen weiteren Heilungsweg. Mich bittet er, auf den Schal meine guten Wünsche für Dich zu übertragen und ihn in den Wind zu hängen, damit die Wünsche hinaus in die Welt getragen werden, die Welt sie hört, Buddha sie hört, und Deine Heilung unterstützen. Ich übergebe meine Wünsche für Dich der Welt und hänge den Katha in Deinen Garten, auf dass der Wind sich mit dem *Wunder* vereint...

Finde zurück in Dein selbstbestimmtes Leben.

Siehe mich voll und ganz.

Höre Deine Worte und Sprache in Deinen Ohren.

Denke Dich in Deinem Kopf, fühle Dich in Deiner Seele.

Esse, trinke und schmecke.

Versöhne Dich mit dem Trauma Deiner Erkrankung.

Versöhne Dich mit der Versehrtheit Deines Körpers.

Verorte Dich in Deinem Körper und in Deiner Seele.

Finde Dich, finde Buddha in Dir.

Abschied von der Intensivklinik... Der Sanitätswagen steht bereit. Liegend und an Monitoren angeschlossen wirst Du nun verlegt in die Rehabilitationsklinik nach Köln. Ich nehme meine Hand aus Deiner, verlasse den Sanitätswagen und höre wie die Türen sich schließen. Ich nehme Deinen letzten „Augenblick" mit, setzte mich in Deinen Wagen und folge...

Die Monate der Rehabilitation

Langsam, fast schleichend folge ich dem Sanitätswagen – mehr als siebzig Stundenkilometer sind nicht möglich und das auf der Autobahn. Die Verlegung und der Transport sind für Deinen Organismus eine hohe Belastung und massiver Stress. Jede Erschütterung, jedes Schlagloch können Deinen labilen Zustand verschlechtern, Dein Leben bedrohen, Dein Herzstillstand ist möglich. Siebzig Kilometer lang bange ich und hoffe, dass der Sanitätswagen erst vor der Klinik stehen bleibt. Siebzig Kilometer lang schaue ich auf die verschlossenen Türen, hoffend, dass die Türen sich erst vor der Klinik öffnen und Du mich wiedererkennst. Nach anderthalb Stunden passieren wir die Klinikzufahrt. Wenige Minuten später öffnen sich die Türen des Sanitätswagens. Die Sanitäter lösen die Sicherheitsgurte der Transportliege und schieben Dich heraus. Deine Augen erkennen mich, Dein rechter Arm folgt Deinen Augen und erhebt sich, winkt versehrt und schüchtern und *sagt:* „Ich lebe, ich erkenne Dich, ich bin so froh, dass Du da bist."

Du hast die Intensivklinik verlassen, ohne Deinen Körper zu bewegen; nur Deine Augen konnten sich regen. Siebzig Kilometer weiter, anderthalb Stunden später, hebst Du Deinen Arm willentlich. Was für ein *Wunder*. Ich reiche dem *Wunder* die Hand, ich reiche Dir die Hand...

Wenige Minuten später Ankunft auf Station 7 ganz oben im Haus. Ich hätte mir die Station 1 gewünscht, im Erdgeschoss des Hauses: Hier unten bewegt sich der Patient, hier wohnen Patienten mit leichten Schlaganfällen. Oben bewegen sich nur noch die Rollstühle, wenn überhaupt: Hier wohnen Patienten mit schwersten Hirnschädigungen; hier wirst Du viele Monate sein, und so hoffe ich, *gehend* die Klinik verlassen.

Der Leitende Oberarzt empfängt mich zum Aufnahmegespräch. Ich erwarte ein kurzes, formales Gespräch. Es folgen anderthalb Stunden Dialog und Begegnung; ganz im Jetzt und Augenblick begegnen wir einander. Hier ist Zeit, sich kennenzulernen, langsam, leise, offen und vertrauensvoll. Hier ist Zeit, Dich kennenzulernen. Wenn nicht hier, wo dann, wo Leben und Heilung so langsam geschehen. Ich fühle mich sicher, Dich in guten Händen zu wissen; meine Wahl bestätigt sich: „Du bist hier in der richtigen Klinik."

Ich stelle Dich vor und beschreibe Dich in einem zehnseitigen Aufnahmebogen. Ich beschreibe, was geschehen ist: das Ereignis Deiner Gehirnblutung und Deinen Weg danach. Ich beschreibe Deinen Patientenwillen, Deine Einstellung und Haltung zum Leben und Sterben, Deine buddhistische Lebensführung, Deine Berufstätigkeit als selbstständige Psychotherapeutin. Ich beschreibe Deine persönlichen Eigenschaften und Eigenarten, was Du magst und liebst: welche Speisen, welche Bücher und Musik, welche Farben, Blumen und Düfte. Ich schreibe, wie sehr Du mit Deinen Hunden Max und Bacheba verbunden warst und mit der Natur verbunden bist. Ich beschreibe auch Deinen „sperrigen" Unwillen, Hierarchien anzuerkennen, den kalten, dominanten Medizinbetrieb mit seinen männlichen

Strukturen anzuerkennen. Ich schreibe, wie sehr der Medizinbetrieb Dich bedrängen wird, Deine Kontrolle und Autonomie loszulassen, wie schwer es für Dich sein wird, Dich dem Medizinbetrieb anzuvertrauen, den Du noch vor Wochen für Dich so abgelehnt hast.

Der Aufnahmebogen wird die Ärzte, Therapeutinnen und Pflegerinnen an Dich binden, er wird ihnen Grundlage für die Begegnung mit Dir sein, er wird ihnen die Türen und Fenster in Dein Leben und Deine Seele öffnen, er wird ihnen helfen, Dir und dem *Wunder* die Hand zu reichen...

Zwei Stunden nach Deiner Ankunft in der Rehabilitationsklinik erfolgt die erste Untersuchung. Ein neurophysiologischer Test soll zeigen, was Dir möglich ist, was Dir möglich sein wird. Der Leitende Oberarzt spricht Dich an und bittet Dich, seinen Weisungen zu folgen: „Können Sie mich hören?", zart nickst Du mit Deinem Kopf und zeigst „ja". „Können Sie mich sehen?", erneut nickst Du zart. „Folgen Sie bitte mit Ihren Augen meinem Finger." Deine Augen folgen, nach links und rechts, nach oben und unten. „Heben Sie bitte das rechte Bein." Zart, doch erkennbar, hebst Du Dein Bein. „Heben Sie bitte den rechten Arm." Du hebst Deinen Arm. Auch Deine linke Körperseite bittet er Dich zu bewegen, doch sie bleibt „stumm". „Runzeln Sie bitte die Stirn." Zart legst Du Deine Stirn in Falten. Wie ich mich freue, Deine Falten zu sehen. Nichts war Dir möglich: kein Hören, kein Sehen, kein Bewegen. Im Koma war alles „still", aber doch nicht tot. Der Leitende Oberarzt formuliert vorsichtig und fast schüchtern die Prognose: Du wirst weiter „erwachen", und die Lähmungen Deines Körpers werden sich weiter langsam zurückziehen. Ob Du sitzen, stehen oder gar gehen wirst, ob Du sprechen und essen wirst, soweit will er die Prognose nicht dehnen. Ich formuliere meine Prognose: Du wirst *gehend* die Klinik verlassen; Du wirst *sprechen* und *essen*. „Herr Dörper, Sie dürfen träumen", so der Oberarzt. Auch er bestätigt die Aussage der Intensivmedizin: „Eine Blutung am Stammhirn so groß wie ein Golfball ist jenseits der Grenze, die der Medizin eine günstige Prognose erlaubt, die dauerhafte Pflege bleibt daher möglich und wahrscheinlich."

Ich entscheide mich, zu *träumen* und dem *Wunder* weiter die Hand zu reichen. „Du wirst *gehend* die Klinik verlassen", mache ich zum Leitsatz Deiner Begleitung. Er wird mich leiten und binden, er wird mir Anker, Halt und Hoffnung sein, er wird mich erinnern zu bleiben, er wird mir Weg und Ziel sein. Du wirst *gehend* die Klinik verlassen, ich weiß es, und „es" weiß es in mir. Und wenn der Weg zeigt, Du bleibst liegen, werde ich meinen *Traum* verändern, aber erst dann. Ich kann nicht ein in Seenot geratenes Schiff lenken und dann zweifeln und denken: „Schaffe ich das Schiff, sicher in den Hafen zu bringen?" Dann könnte ich auch von Bord springen und das Schiff dem Meer, den Stürmen und Wellen überlassen, und wir würden nie erfahren, ob für Dich ein *Wunder* vorgesehen war. Ja, es ist möglich, dass Du *gehend* die Klinik verlässt, also nehme ich das Ruder und tue weiter, was zu tun ist, und bleibe und vertraue.

Der Eingangsuntersuchung folgen die Blutabnahme und die vorübergehende Verlegung auf die Quarantänestation 8. Jeder Patient muss diesen Weg gehen, bis die Ergebnisse der Blutuntersuchung zeigen, dass Du frei von Krankenhauskeimen bist. Erneut werde ich bestätigt, dass ich die richtige Klinik für Dich gewählt habe. Viele Kliniken verzichten auf den scheinbaren Umweg, zu hoch sind die Kosten.

Vorerst bleibt das Pflegehemd Deine Kleidung. Deine eigene Kleidung bleibt bis zum Umzug auf die Station „sieben" in Deiner Reisetasche. Deinen geliebten Buddha aus sandfarbenem Stein stelle ich auf den Beistelltisch Deines Bettes; hier soll er die nächsten Tage über Dich wachen und Dich schützen, um dann mit umzuziehen und für viele Monate seinen Platz in Deiner Nähe einzunehmen. Solange Du auf der Quarantänestation liegst, werde ich Dein Zimmer nur betreten können mit Schutzkittel, Handschuhen und Mundschutz; doch auch mit Handschuhen kann ich meine Hand in Deine legen, auch mit Mundschutz kann ich Dir vorlesen, auch mit Kittel Dich umarmen.

Du liegst in einem großen Einzelzimmer im Hinterhaus der Klinik, zum Park hin. Ganz still ist es. Die Sonne wirft ihre Strahlen auf Dein Gesicht. So friedvoll, doch so schwer erkrankt liegst Du in Deinem Bett. Ich sitze bei Dir und atme mit Dir, schweige und fühle. Ich sitze bei Dir, und meine Worte suchen und finden einen Zugang in Deine Ohren und Seele. Ich spüre: Deine „Seele hat Ohren". Ich sage Dir, wo Du bist, lasse Dich in den Weg der nächsten Monate sehen. Zaghaft und behutsam wähle ich meine Worte; so „verletzt" bist Du, dass ich Dich nicht weiter „verletzen" will. Wieder wird mir bewusst: Ich befinde mich in der Rolle eines Pianisten, der ein Konzert gibt, während er noch lernt, das Klavier zu spielen. Wie Dir begegnen? Dein Mund ist ohne Bewegung, ist sprachlos, kann kein Wort formen und mir nicht antworten. „Ja" oder „Nein", das kann mir Dein Kopf anzeigen, Deine Schultern ein „Vielleicht". Ich übe und lerne Worte zu finden, die in Deinen Ohren leise und behutsam eine Türe in Deine Seele öffnen, auf dass sie meine Worte aufnimmt und annimmt. Doch meist atmen und schweigen wir miteinander, Hand in Hand, Seele in Seele, Stunde um Stunde. So viele Augenblicke ereignen sich schweigend und wartend, bis Du aus der Stille auf einmal Deinen rechten Arm erhebst und mir leicht über meine Wange streichst. Ich werde von Dir berührt und bin von Dir berührt. Was für ein Augenblick, was für ein Moment der Hoffnung. Du kannst mich und Dich fühlen; Dein Arm hat „gesprochen", was Dein Mund noch nicht kann.

Sechs Tage bleibst Du auf der Quarantänestation, dann endlich kommt grünes Licht: Du bist frei von Krankenhauskeimen und ziehst um auf die Station 7. Deine Kleidung liegt bereits in Deinem Schrank. Zahnbürste, Seife, Gesichtscreme und alles Weitere für Deine Körperpflege stehen bereits im Bad, auch Dein so geliebtes Parfüm „Nahema"; soll der vertraute Duft Dich mitnehmen in Dein neues Leben. Die Pflegerinnen ziehen Dich um, raus aus dem Pflegehemd, rein in Deine Dir vertraute Kleidung. Dieser besondere Augenblick wird nur getrübt durch die Wirklichkeit Deiner Einschränkungen: Das Pflegehemd geht, aber die Kanüle an Deinem Hals bleibt, ebenso bleiben die Magensonde und der Blasenkatheter. Doch ich weiß es, und „es" weiß in mir: Du wirst *gehend* die Klinik verlassen; Kanüle, Sonde und Katheter werden nicht dabei sein, wenn Du *gehst*.

Zwei Tage nach Deinem Umzug findet die erste Patienten-konferenz statt. Teilnehmer sind: der Leitende Oberarzt, die Pflegeleitung der Station, die Therapeutinnen und ich. Der erweiterte Aufnahmestatus wird besprochen, das Therapiekonzept und der Behandlungsweg. Ich bin überrascht: Vom erweiterten Aufnahmestatus wusste ich nicht; ich lerne, dass ich nicht alles kontrollieren und begleiten kann.

Die Physiotherapeutin und Ergotherapeutin formulieren ihre Einschätzung und bringen den Status umfassend und verständlich auf den Punkt: teilweise Lähmung beider Körperseiten, beider Arme und Beine, mit beginnender Aktivität der rechten Körperseite. Bewegungsübergänge sind Dir nur möglich mit maximaler Unterstützung: Der Transfer an die Bettkante gelingt Dir nur mit maximaler Hilfe von zwei Therapeutinnen. An der Bettkante verweilen kannst Du nur sehr kurz, Dein Rumpf fällt passiv zur Seite, Deinen Kopf kannst Du nicht sicher und stabil halten. Es ist Dir möglich, einfachen Weisungen zu folgen und verlässlich zu kommunizieren: Mit Deiner rechten Hand kannst Du den Händedruck der Therapeutin erwidern, Du kannst mit Deiner Stirn runzeln, Deinen Mund öffnen, Deinen Kopf nicken und schütteln.

Die Sprachtherapeutin stellt fest: Du hast eine schwere Schädigung des Schluckzentrums mit einer schwerwiegenden Schluckstörung, einer teilweisen Lähmung des Mundes, der Mundhöhle, des Rachens und der Speiseröhre. Es ist Dir nicht möglich, Deinen Speichel zu schlucken, zu ausgeprägt sind die Lähmungen, zu niedrig und eingeschränkt ist die Schluckfrequenz. Der vermehrte Speichel muss über die Kanüle abgesaugt werden, damit er nicht in die tiefer liegenden Atemwege gelangt. Deinen Atem kannst Du nur erheblich eingeschränkt lenken.

Zum Therapiekonzept und Behandlungsweg spricht der Leitende Oberarzt; erneut betont er, wie schwer Deine Hirnschädigung ist, wie versehrt Du bist und bleiben wirst. Du wirst weiter „erwachen", und die Lähmungen Deines Körpers werden sich weiter langsam zurückziehen. Ob Du sitzen, stehen oder gar gehen wirst, ob Du sprechen und essen wirst, so weit will er die Prognose nicht dehnen. Die Hoffnung gilt weiter der Plastizität Deines Gehirns und seiner Fähigkeit, an anderer gesunder Stelle die Aufgaben und Funktionen der geschädigten Region neu zu lernen und zu übernehmen. Die Rehabilitation hat das Ziel, diesen Prozess mit gezielter systematischer Förderung zu unterstützen; sie wird Deinem Gehirn helfen, geschädigte unterbrochene Verbindungswege neu zu bahnen, auf dass Du *gehend* die Klinik verlässt.

Ab sofort beginnen die Therapien: die Physiotherapie und Ergotherapie jeweils vier- bis fünfmal in der Woche, die Sprachtherapie drei- bis viermal in der Woche. Was für ein Programm! Was für eine Aufgabe und Herausforderung für Dich! Was für eine Hochleistung! Später dann, wenn Du sprechen kannst, sollen die neuropsychologische Therapie und ein kognitives Aufmerksamkeitstraining hinzukommen. *Was für ein Weg!* Was am Ende des Weges steht, weiß keiner, nicht der Leitende Oberarzt und nicht die Therapeutinnen. Ich weiß es, und „es" weiß es in mir: Du wirst *gehend* die Klinik verlassen, Du wirst *sprechen* und *essen*. „Herr Dörper, Sie dürfen träumen", so der Oberarzt. Ich entscheide mich, weiter zu *träumen*, und wenn der Weg zeigt, Du bleibst liegen, werde ich meinen *Traum* verändern, aber erst dann.

Ich werde mich einbinden in den Behandlungsweg, und wenn notwendig und möglich, auf ihn einwirken. Ich werde achtgeben auf das, was für Dich getan wird, solange Du nicht achtgeben kannst auf Dich selbst, und mitwirken dort, wo Du nicht mitwirken kannst. So zeige ich mich in der Patientenkonferenz; so verhalte ich mich weiter.

Wie kann ich da sein, mit Dir sein, mitwirken und einwirken? Ich lebe in Krefeld und Du bist jetzt in Köln: Damit Du *gehend* die Klinik verlassen kannst, wirst Du mich brauchen, sehr anwesend und häufig vor Ort. Du wirst einen nächsten Angehörigen brauchen, der Dir nah ist und Dich sicher und bleibend begleitet. Eva, Deine Schwester, lebt in der Nähe von Koblenz; sie ist für Dich da, doch zu eingebunden in ihr eigenes Leben: Ihre eingeschränkte Anwesenheit wird nicht reichen, Dich sicher in den „Hafen" zurückzubringen. Biddy, Deine Lebensfreundin aus Stuttgart, ist zu entfernt, um für Dich wirklich da sein zu können. Inga, Deine Lebensfreundin aus Krefeld wird Dir helfen, Dich in Deinem Leben wieder zu verorten, doch auch sie ist zu eingebunden in ihr eigenes Leben: Ihre Besuche werden nicht reichen, um *gehend* die Klinik verlassen zu können. Also bin ich es und bleibe es, der das Schiff lenkt und Dich begleitet. Ich habe mich eingelassen und das Ruder in die Hand genommen; ich kann nicht auf halber Strecke von Bord gehen und Dich den Stürmen und Wellen überlassen. Also ruht weiter meine berufliche Selbstständigkeit, weiterhin mit dem „Risiko", sie nicht mehr aufnehmen zu können. Ich lasse mich ein auf das „Risiko", ich weiß, es wird mir Türen in mein Leben öffnen, hinter denen ich mich verändert erwarte... geläutert, unverfälscht, erwachsen und demütig.

Die Klinik bietet ortsfern lebenden Angehörigen die Möglichkeit, für die Zeit der Rehabilitation, ein Gästezimmer zu beziehen. Ich überlege und rechne, ob ich die zusätzlichen Kosten für die Anmietung tragen kann. Wenige Tage später wird mir die Entscheidung abgenommen: Meine Freundin Sylvia bietet mir die Wohnung ihrer Partnerin an; Anke lebt in Köln und fährt jedes Wochenende und an freien Tagen zu Sylvia ins Bergische Land nach Hündekausen. Was für ein Geschenk, was für eine Freundschaft!

In der Woche komme ich nun jeden Mittwoch aus Krefeld und fahre am Abend zurück. An den Wochenenden komme ich am Freitag und fahre Sonntagabend oder Montagmorgen. Auch an Feiertagen und Brückentagen wird mir Ankes Wohnung Gästezimmer und Zuhause sein. So kann ich wirklich sein und bleiben, bei Dir und bei mir.

Stunde um Stunde, Tag um Tag, begleite ich Dich und Deine Therapien und Pflege. Vier Wochen nach Beginn Deiner Rehabilitation schlagen hohe Wellen gegen das Schiff, das ich schon sicherer glaubte; es droht zu kentern und Du zu ertrinken. Noch halten meine Hände das Ruder, doch ich werde schwächer und kann mich kaum noch am Ruder halten. „Du wirst *gehend* die Klinik verlassen": Nur mein Leitsatz gibt mir noch Halt, lässt mich das Ruder weiter halten, leitet, bindet und erinnert mich. Stunde um Stunde, Tag um Tag erfahre ich, wie Dein Wesen begreift, was Deinem Körper geschehen ist. Ich erkenne, wie versehrt auch Dein Wesen ist. Oder war das, was Du mir nun zeigst, immer da, im Hintergrund und Untergrund und ist jetzt erwacht? Oder ist das, was Du mir nun zeigst, das Wesen Deiner Erkrankung und nur zeitweise da? Dein Wesen braucht Zeit, zu begreifen und anzunehmen, was Deinem Körper geschehen ist. Doch hat Dein Körper auch die Zeit zu warten?

So verunsichert, verletzt und gebrochen erfahre ich Dich, dass ich beginne, ganz langsam und scheu zu begreifen, wie sehr die Blutung Deines Gehirns auch in Dein Wesen einblutet. Vielleicht habe ich Deine Erkrankung und den Weg unterschätzt und mich überschätzt. Ich erinnere mich an die Rollen und Aufgaben, auf die ich nicht vorbereitet war: an den Kapitän ohne Kapitänspatent, an den Pianisten, der ein Konzert gibt, während er noch lernt, das Klavier zu spielen. Das Kapitänspatent mache ich auf hoher stürmischer See, das Klavier erlerne ich auf der Bühne inmitten eines Konzertes; nicht gerade die besten Voraussetzungen, um eine Prüfung abzulegen. Ich werde milder mit mir.

Stunde um Stunde, Tag um Tag, suche ich einen Zugang und Weg zu Dir: Die Steine, die Du mir in den Weg legst, lassen mich straucheln. Aufstehen, weitergehen, straucheln und wieder aufstehen – so gehe ich die ersten Wochen mit Dir. Dein Mund kann nicht sprechen, auf Deine Stimme kannst Du noch nicht zugreifen: Solange Dir die Kanüle am Hals sitzt, wirst Du nicht sprechen können; auch im entblockten Zustand werden es vorerst Versuche bleiben. Die Sprachbildung ist so komplex, dass die teilweisen Lähmungen Deiner Mundhöhle und Deines Rachens Dich hindern, Laute und Worte zu formen. Wir kommunizieren mit Hilfe einer Schrifttafel. Du „sprichst" mit mir, mit dem Ausdruck Deiner rechten Hand, der Bewegung Deines Kopfes und dem Ausdruck Deines Gesichtes. Nicht immer deute und übersetze ich Deine „Sprache" richtig. Die Schrifttafel hilft, jedoch nicht sicher: Wenn Du mit dem Zeigefinger Deiner rechten Hand einen Buchstaben ansteuerst, setzt Du Deinen Finger häufig nicht eindeutig. Manchmal kannst Du auch einfach Deinen Arm nicht mehr halten, weil Dir dazu der Wille und die Kraft fehlen. Versuch und Irrtum, Frage und Erkenntnis – so ist der Rhythmus unserer „Gespräche" in den ersten Wochen Deiner Rehabilitation.

Du gibst mir zu verstehen... „ich werde mich Dir nicht zeigen wollen; Du wirst mich nicht ansehen können und wollen, zu versehrt werde ich sein; meine Behinderung wird Dich behindern und festhalten."

„Du hast die Ausdauer und Kraft nicht, mich zu begleiten, zu weich und verletzlich bist Du, zu schwer wird die Last meiner Erkrankung für Dich sein, Du wirst sie nicht tragen können und Dich nicht."

„Ich vertraue Deiner Freundschaft und Liebe nicht, ich vertraue Deinem Wirken und Handeln für mich nicht: Ich habe Angst und glaube, Du bleibst weg, irgendwann, dann gehe jetzt und bleibe weg."

Was ist passiert? Ich bin fünfundzwanzig Jahre an Deiner Seite, Gefährte und Freund in Deinem Leben. Hat die Blutung Deines Gehirns auch Dein Wesen so erschüttert und gelähmt, dass Du mir nicht mehr vertrauen kannst? Ich erkenne weiter und weiter, wie sehr Deine Gehirnblutung einfließt in Dein Wesen, das Fundament überschwemmt, auf dem Du glaubtest, sicher zu stehen, es aufweicht und aufreißt, sodass kein Stein mehr auf dem anderen bleibt. Auch kommt mir das Bild eines Erdbebens, das durch Deinen Körper und Deine Seele rast, Du einstürzt und Dein bisheriges Leben unter Steinen und Trümmern liegt, keine Hoffnung mehr gerettet zu werden. Doch Du lebst, und ich werde nicht müde, Dir zu sagen: „Ich bleibe und nehme die Steine und Trümmer, die ich tragen kann."

Stunde um Stunde, Tag um Tag begleite ich Dich weiter und Deine Therapien und Pflege. Weiter verständigen wir uns mit Hilfe der Schrifttafel, weiter führst Du mich mit dem Ausdruck Deiner rechten Hand, der Bewegung Deines Kopfes und dem Ausdruck Deines Gesichtes. Immer wieder lässt Du mich verstehen, dass Du die Kraft, den Mut und die Zuversicht nicht hast und findest, Dich in Deinem „zerbrochenen", versehrten Leben zu verorten und Dich mit den „Brüchen" zu versöhnen.

Du hast Dich nicht entschieden: Hin und her reißen Dich der Wunsch und Wille, im Leben zu bleiben oder zu sterben. Die Kanüle an Deinem Hals ist das größte Übel: Du glaubst, nur mit ihr leben zu können und ohne sie an Deinem Schleim zu ersticken. Gebunden und gefangen in Deiner Angst willst Du Dich sterben lassen. So panisch und entrückt bist Du in Deiner Angst, dass Du nicht hören kannst, dass die Kanüle erst dann entfernt wird, wenn Du nachhaltig schlucken kannst.

Du ziehst Dich zurück, hinter die Mauer Deiner Angst, dass es mir und Deiner Therapeutin kaum noch möglich ist, Dich zu erreichen hinter Deinem harten, hohen Widerstand. Wir helfen uns gegenseitig, bilden eine „Räuberleiter" und können Dich so hinter Deiner Angst erkennen. Doch wie lange noch lässt Du uns Dich sehen?

Immer wieder lässt Du mich verstehen, „ich sterbe, wenn die Kanüle entfernt wird". Deine Angst ist so mächtig, und ich bin so machtlos; doch ich erkenne, wenn Du Angst hast zu sterben, dann willst Du leben... Das lässt mich bleiben und Dir weiter und weiter sagen: „Bleibst Du in Deiner Angst, dann bleibt die Kanüle an Deinem Hals und Du wirst nicht *gehend* die Klinik verlassen, nicht *sprechen* und *essen*; Du wirst dauerhaft pflegebedürftig sein, künstlich ernährt, einziehen in ein Pflegeheim und dort leben und liegen, warm, satt, sauber, mehr nicht."

Ich versuche Dich zu verstehen, doch mein Verständnis stößt an Grenzen: Ich habe keine Gehirnblutung erfahren, ich bin nicht gelähmt, mir sitzt die Kanüle nicht am Hals. Doch verdammt: Reichen die Lähmungen Deines Körpers nicht, muss jetzt auch noch Deine Angst Dein Wesen lähmen? Doch wie will ein Mensch ohne Angst sein und sein Wesen ohne „Brüche", dessen Leben so „zerbrochen" ist, dass kein Stein mehr auf dem anderen steht und unter Trümmern liegt? Ich werde milder mit Dir und mit mir.

Die Milde werde ich brauchen. Es zeigt sich ein weiteres Übel, ein starres Hindernis – der Rollstuhl. In der Physiotherapie und Ergotherapie wird der Rollstuhl früh eingesetzt: Mit seiner Hilfe sollst Du mobilisiert und aktiviert werden; Bewegungsübergänge werden geübt, der Transfer vom Bett in den Rollstuhl und der stabile Sitz im Rollstuhl. Die Therapeutinnen können kaum üben mit Dir: Jeder Transfer in den Rollstuhl ist Kampf und Widerstand; erst kommt Deine Angst, dann die Panik und dann kommen die Tränen. Was passiert mit Dir? Mit Hilfe der Schrifttafel ergründen die Therapeutinnen und ich Deine massive Abwehr...

Du fühlst Dich in Deinem Bett sicher und geborgen. Jeder Transfer in den Rollstuhl, jedes Verweilen in ihm lassen Dich wieder und weiter erkennen, wie versehrt Du bist, wie verletzt und gebrochen. Du willst Dich nicht zeigen so versehrt und gelähmt. Wir erkennen Deine Angst: Die Tränen sind ein Prozess, Dich anzunähern an Deine „Brüche" und sie langsam anzunehmen. Doch es gibt dabei ein großes Problem: Dein Körper hat weniger Zeit als Deine Seele. Es ist wichtig, früh und intensiv die Reize zu setzen, die der Plastizität Deines Gehirns helfen, Deinen Körper neu zu verorten. Du darfst kämpfen und wüten, Dich wehren und weinen, doch bitte nicht zu lange, sonst bleibst Du liegen, nicht sicher und geborgen, sondern warm, satt und sauber, mehr nicht.

Die Kanüle an Deinem Hals und der Rollstuhl sind greifbare Übel, sind sichtbar und vordergründig; doch ich spüre im Hintergrund und Untergrund Widerstände, die Dich blockieren. Ich erkenne in unseren „Gesprächen" eine dritte Baustelle: Deinen ursprünglichen Patientenwillen vereint mit Deinem sperrigen Unwillen, Hierarchien und Führung anzuerkennen. Oder gibt es nur eine Baustelle, und alles ist miteinander verbunden, ähnlich dem Mobile: Ziehe ich an einem Ende, bewegt sich auch das andere? Im Aufnahmebogen zu Beginn Deiner Rehabilitation habe ich beschrieben, was sich jetzt zeigt: Der Medizinbetrieb mit all seinen Strukturen und Menschen bedrängt Dich, Deine Kontrolle und Autonomie loszulassen und Dich ihm anzuvertrauen, obwohl Du ihn vor Wochen noch so abgelehnt hast. Du hast eine intensivmedizinische Behandlung abgelehnt – wie geschehen; jede therapeutische Intervention trifft somit auf Deinen Unwillen, ist Eingriff und Übergriff. Du ringst um Deinen Willen, Deine Selbstachtung, Selbstbestimmung und Würde. Du darfst ringen mit Dir, den Therapeutinnen und mir – doch bitte nicht zu lange, sonst wird die Wirklichkeit Dich niederringen, die Kanüle an Deinem Hals bleiben und der Rollstuhl nur noch verwaist und still in der Ecke stehen und Du wirst liegen bleiben.

Du kämpfst weiter, kannst und willst nicht annehmen, was ist, fühlst Dich von mir bestimmt und „verraten", paktiere ich doch mit der Klinik, den Ärzten und Therapeutinnen. Du glaubst, Du kannst Dich selbst führen durch Deine schwere Erkrankung und alle notwendigen Entscheidungen selbst treffen. Du vertraust meinem Wirken und Handeln nicht; immer noch glaubst Du – ich bleibe weg. Wie willst Du also einem *Kapitän* vertrauen, von dem Du glaubst – er geht von Bord? Hin und her reißt Dich Dein Wille nach fragwürdiger Selbstbestimmung und erkennender, wissender Ohnmacht. Du lässt mir einen Spalt in Deiner Mauer, die Du so schützend und widerständig vor Dir aufgebaut hast; Du weißt ganz weit in Dir: „verschließe ich die Mauer, verschließe in mein Leben".

Doch mühsam und erschöpfend ist es, immer wieder an Deiner Mauer zu stehen und nur einen Spalt zu finden, der mich hineinlässt in Dein versehrtes Leben. Mühsam und erschöpfend ist es, immer wieder die Balance zu finden –

Dich sicher zu führen, entschieden und zuweilen streng zu motivieren und Dich liebevoll verständig zu begleiten.

Kämpfen, wüten, weinen, üben –
so bleibt der Rhythmus Deiner Therapien.

Kämpfen, wüten, weinen, üben –
so bleibt auch mein Rhythmus mit Dir.

Sechs Wochen nach Beginn Deiner Rehabilitation ist die zweite Patientenkonferenz...

Die messerscharfe Botschaft ist: Du stehst Dir im Weg, legst zu den Steinen und Trümmern, unter denen Du liegst, noch ein paar Steine hinzu. Doch dort, wo die Lähmungen in Deinem Körper sitzen, wird es „heller und wacher", stetig und langsam. Was für eine verrückte Botschaft: Du stehst Dir im Weg und wirst trotzdem gesünder.

Der Leitende Oberarzt und die Therapeutinnen bestätigen mir: Dir ist ein außergewöhnliches Potenzial gegeben zu gesunden – wie weit, das können sie nicht sagen; doch Du könntest weiter sein, wenn Du nicht einen Stein aus dem Weg nimmst und zwei wieder hinlegst. Mich tröstet zu erkennen, Dein Körper lässt sich nicht zurückweisen und nimmt selbst die Steine aus dem Weg – ohne Dein willentliches Tun. *Was für ein Wunder!*

Das nahe Ziel ist: Entfernen der Kanüle, die Dir so bedrohlich am Hals sitzt. Wenn die Kanüle dann weg ist, so löst und entfernt sich Deine Angst – das hoffen alle, die Dich begleiten. Die Therapien gehen weiter, der Rhythmus bleibt: Du kämpfst, wütest, weinst, übst. Immer wieder kämpfe auch ich mit Dir, wüte, weine und übe; ich übe Verständnis, Milde und Demut, ich übe zu bleiben.

Im Kampf mit Dir werde ich schwächer. Der Weg ist noch lang: Ich kann mich nicht schon jetzt entäußern. Also muss ich Dich loslassen und das Ruder zeitweise übergeben, sonst verliere ich mich und dann Dich. Ich kann nicht immerzu lenken und lenken: Kein Kapitän steht ohne Pause und Abstand immerzu auf der Brücke seines Schiffes. So sicher wirst Du in der Klinik begleitet, dass ich es wagen kann, meine Hände vom Ruder zu nehmen, zeitweise; so beschützt bist Du hier, dass ich meinen Blick von Dir nehmen kann, zeitweise, und auf mich blicken kann.

Ich komme weiter jeden Mittwoch und von Freitag bis Sonntag. Ich übe, zeitweise mit mir zu sein, schaffe mir „kleine Inseln", die nur ich betreten darf...

...der Espresso beim Italiener, bevor ich zu Dir komme; der Espresso, wenn ich eine Pause brauche, Du mal wieder kämpfst und wütest und ich nicht mehr kämpfen und wüten kann und will,

...verweilen in Ankes Wohnung, sie zeitweise zu meiner machen und mich zu Hause in mir fühlen, gutes Essen genießen, nach dem Frühstück auf dem Balkon sitzen und mich von den Sonnenstrahlen verwöhnen und trösten lassen, ein paar Seiten lesen und anders denken,

...an den Rhein gehen, dem Wasser zusehen, wie es fließt, und den Schiffen wie sie mitfließen, die Laufschuhe anziehen und laufen und „fließen".

Die Therapien gehen weiter; einige begleite ich und muss sehen, wie schwierig es für Dich bleibt, Deinen „sperrigen" Unwillen loszulassen. Du kämpfst weiter, doch Dein Kampf wird leiser, und die Therapeutinnen verfangen sich nicht mehr in Deinen Widerständen und lernen, Dich zu „zähmen". Vielleicht erkennst Du, dass Dein Körper und die Therapeutinnen sich nicht zurückweisen lassen und Du stetig und langsam gesundest. Vielleicht erkennst Du auch, dass Dein Körper bleibt, die Therapeutinnen und ich bleiben, und es daher sinnlos ist, Deinen „sperrigen" Unwillen und Dein Misstrauen wie ein Schutzschild weiter vor Dir her zu tragen.

Es wird möglich, die Kanüle, die Dir weiter so bedrohlich am Hals sitzt, zu entfernen. Dort, wo der Mund gelähmt ist, die Mundhöhle, der Rachen und die Speiseröhre, wird es „heller und wacher". Du kannst Deinen Speichel jetzt häufiger und besser schlucken. Doch Deine Angst bleibt: Wenn die Kanüle entfernt wird, glaubst Du nicht ausreichend schlucken zu können, glaubst an Deinem Schleim zu ersticken.

Auch in der Physiotherapie und Ergotherapie zeigen sich die Fortschritte deutlicher. Die Bewegungsübergänge sind Dir leichter möglich; der Transfer vom Bett an die Bettkante und von dort in den Rollstuhl gelingt Dir nun mit Unterstützung *einer* Therapeutin; zu Beginn der Rehabilitation war Dir dies nur möglich mit der maximalen Hilfe von zwei Therapeutinnen. Deinen Kopf und Deinen Rumpf kannst Du stabil und sicher halten.

„Alltag als Übung", so nenne ich nun Dein Therapieprogramm. Einen kurzen Moment halte ich inne und weine – noch vor Wochen waren der wache Alltag so fern und die dauerhafte Pflege so nah, und jetzt sehe ich: „Du kannst wirklich *gehend* die Klinik verlassen". Du übst mit der Unterstützung einer Therapeutin, Deinen Oberkörper zu waschen und die Zähne zu putzen. Die Zahnbürste führst Du mit Deiner rechten Hand. Du bist Linkshänderin, immer wieder werden auch Deine linke Hand und Körperseite mitgenommen in die Übungen und den Alltag; doch noch ist sie zu „stumm" und versehrt, um Dir Hilfe zu sein. Deine rechte aktive Körperseite nimmt Deine linke Seite mit und gleicht das aus, was sie nicht kann.

Der Rollstuhl bleibt ein Übel und starres Hindernis, wenn er außerhalb Deines Zimmers Dir helfen soll, beweglicher und aktiver zu werden, wenn der Raum Deines Alltags erweitert wird auf den Stationsgang und Du hier üben sollst, zu sitzen und teilzunehmen am „öffentlichen" Leben. Bei jedem Transfer in den Rollstuhl flammt dann wieder auf, was schon leiser wurde: Erst kommt Deine Angst, dann die Wut und Panik, dann kommen die Tränen. Wie ein loderndes Feuer wütet Dein Kampf und droht das zu ersticken, was Dir wieder möglich ist.

Du willst Dich nicht zeigen so versehrt und gelähmt. Du fühlst Dich abgestellt und ausgegrenzt, obwohl Du hinein genommen wirst in den „öffentlichen" Alltag der Station. Der Rollstuhl bleibt für Dich ein Übel, zeigt er Dir doch immer wieder und weiter, wie „zerbrochen" und versehrt Dein Leben ist. Der Rollstuhl bleibt für Dich eine Übung, Dich anzunähern an Deine „Brüche" und sie langsam anzunehmen. Der Rollstuhl bleibt für mich eine Übung, mich immer wieder zu versöhnen mit Deinem Kampf und Deinen Tränen; er bleibt eine Übung, mich anzunehmen in meiner Wut und Ohnmacht und in meinen Tränen.

Die Therapien gehen weiter. Die Therapeutinnen werden nicht müde, mit Dir zu üben, sich Deinem verletzten und gebrochenen Wesen weiter achtsam zu nähern und Dich weiter achtsam zu „zähmen".

Die Steine, die Du Dir in den Weg legst, werden weniger, und die Steine, die Dein Körper aus dem Weg nimmt, werden mehr.

Du ringst weiter um Deine Selbstachtung, Selbstbestimmung und Würde; die Kämpfe werden leiser, vielleicht erkennst Du, wie geachtet Du wirst in Deinem würdevollen Kampf um Dich selbst.

Der Spalt in der Mauer, die Du so schützend und widerständig vor Dich aufgebaut hast, wird größer – doch noch steht die Mauer, und die Menschen an Deiner Seite bleiben gefordert, immer wieder einen Zugang zu finden in Deine Seele.

Acht Wochen nach Beginn Deiner Rehabilitation ist es endlich soweit – die Kanüle, die Dir so bedrohlich am Hals sitzt, wird entfernt. Und ich hoffe, dass mit der Kanüle sich auch Deine Angst und Dein Kampf entfernen. Ich hoffe, dass Du auf das *Wunder* blickst, was Dir gegeben ist, Deine Stimme hörst und sagst: „Ich will leben, ich werde *gehend* die Klinik verlassen."

Weiter verständigen wir uns mit Hilfe der Schrifttafel, Du lässt mich verstehen: „Ich habe Angst, mich an meinem Schleim zu verschlucken, keine Luft mehr zu bekommen und zu ersticken; die Kanüle soll bleiben, verhindere die Entfernung". Deine Angst greift mich; ich bin der Strohhalm, an den Du Dich klammerst, der verhindern soll, dass Du stirbst. Du willst mich als Schutzschild positionieren – gegen den Leitenden Oberarzt und die Therapeutinnen. Ich lasse Dich verstehen: „Ich bin da und bleibe, doch die Kanüle bleibt nicht". Hin und her reißt mich die Anforderung, Dich entschieden zu führen und Dich liebevoll verständig zu begleiten. In Absprache mit der Sprachtherapeutin entscheide ich mich, Dich nicht zu begleiten bei der Entfernung der Kanüle und Dir den Schutzschild zu entziehen, der Dich nur scheinbar schützt. Du wirst weniger widerständig sein, wenn ich nicht da bin, weil Deinen Widerständen der Partner fehlt und Deiner Angst der Strohhalm.

Wenn Du Angst hast zu sterben, dann willst Du leben, und Dein Körper und Deine Seele wissen... „wenn die Kanüle bleibt, wird der Rest meines Lebens verstummen und nie wieder wird ein klares Wort meine Lippen verlassen".

Wenige Stunden, nachdem Dir die Kanüle entfernt wurde, betrete ich Dein Zimmer. Was für ein Anblick: Dein Hals ist frei, keine Fessel sitzt Dir mehr so bedrohlich am Hals. Nur noch ein Platzhalter verschließt das kleine Loch, wo vor zwei Monaten Deine Luftröhre geöffnet und die Kanüle gesetzt wurde – und dieser wird nachhaltig entfernt, wenn die radiologische Kontrolle zeigt, dass Du frei von Schwellungen und Speichelresten bist.

Ich will Dich umarmen und meine Freude und Tränen mit Dir teilen, doch Du teilst nicht mit mir, zu eng und verschlossen bist Du in Deiner Wut. Ich verstehe sofort: Du fühlst Dich von mir alleine gelassen, ich war nicht Dein Schutzschild, nicht Dein Strohhalm und nicht der Partner Deiner Widerstände. Ich war der Partner Deines Lebens, das willst und kannst Du noch nicht sehen.

Du bist in guten Händen; ich lasse Dich – bis Deine lodernde Wut verraucht ist, verlasse Dein Zimmer und die Klinik. Ich gehe bei meinem Italiener um die Ecke einen Espresso trinken, verweile in mir, umarme meine Wut und bin demütig und dankbar, dass bald die ersten Worte Deine Lippen verlassen können.

Was für ein Weg!

So oft...

wollte ich aussteigen und bin geblieben,

fühlte mich getragen,

wurde mir Kraft und Demut gegeben,

habe das richtige Wort gefunden

und den richtigen Ton,

habe das falsche Wort gefunden

und den falschen Ton,

war im Mut und im Zweifel,

war im Sinn und im Kampf,

war in Gnade und in Wut,

bin gefallen und wieder aufgestanden,

schien mich zu verlieren

und habe mich wiedergefunden,

schien Dich zu verlieren

und habe Dich wiedergefunden.

So oft habe ich Liebe gegeben,

so oft habe ich Liebe gefunden,

so oft werde ich noch bleiben...

Nach einer Stunde kehre ich zurück in die Klinik... Deine Wut ist leiser geworden, nicht mehr ganz so hoch lodern die Flammen. Ich setze mich an Dein Bett und warte in die Stille hinein – bis der letzte Rauch verzogen ist. Ich lege meine Hand in Deine und verweile – bis Dein zartes Lächeln mir zeigt: „Ich bin im Frieden mit mir und mit Dir."

Der Tag danach ist ruhig. Deine Wut bleibt still, die letzten Flammen sind verraucht, doch ich bleibe wachsam und achtsam – geblieben ist die Glut, bereit, wieder zu entflammen. Also passe ich auf, nähre Deine Glut nicht und hoffe, dass sie erlischt.

Es bleibt ruhig, auch weil Deine Angst erlischt und Du vom Kampf so müde bist, auch weil ich vom Kampf mit Dir so kraftlos bin.

Es bleibt ruhig, weil Du und ich das *Wunder* begreifen, was Dir gegeben ist: Du lebst, die Kanüle ist weg, Du kannst atmen und schlucken; und bald wirst Du *sprechen* und *essen* – ich weiß es, und „es" weiß es in mir.

Fünf Tage später wird auch der Platzhalter entfernt; die radiologische Kontrolle zeigt, dass Du frei von Schwellungen und Schleimresten bist. Jetzt erinnert nur noch das kleine Loch in Deinem Hals an die Kanüle. Wenige Tage wird ein Pflaster die Wunde schützen, bis sie dann geschlossen ist. Was bleibt, ist eine kleine Narbe. Was bleibt, ist eine Narbe in Deinem Wesen und Deiner Seele: Sie wird Dich erinnern und schmerzen. Du wirst sie berühren, immer wieder, und jedes Annähern lässt Dich Dein versehrtes Leben begreifen, lässt Dich ankommen in Deinem fremden Leben.

Wenige Tage, nachdem Dir der Platzhalter am Hals entfernt wurde, ist die dritte Patientenkonferenz. Ein kurzer Blick zurück und ein langer Blick voraus – so beginnt der Leitende Oberarzt die Konferenz. Er erläutert die weiteren Therapieziele und lässt mich in den Weg schauen, der noch vor Dir liegt...

In der Sprachtherapie wirst Du nun trainieren, weiche passierte Nahrung und Flüssigkeiten aufzunehmen, im Mund zu verarbeiten und über die Speiseröhre weiterzuleiten. Die Schädigung des Schluckzentrums ist schwerwiegend und die Koordination der beteiligten Muskelpaare so eingeschränkt, dass eine Prognose kaum möglich ist. Ob es Dir gelingt, nachhaltig und ausreichend zu essen und zu trinken, das wagt keiner zu sagen.

In den letzten Wochen hast Du immer wieder versucht, zu sprechen und erste Worte zu bilden, immer dann, wenn die Kanüle entblockt wurde. Die Koordination und Fähigkeiten der Sprechorgane sind so stark eingeschränkt, dass Du keine klaren, verständlichen Laute bilden kannst. Kehlkopf und Stimmbänder sind an der Lautbildung beteiligt, Rachen, Mund und Nase, Zunge, Gaumen und Lippen, Lungen, Zwerchfell und Luftröhre – viel schwieriger und vielschichtiger als das Sprechen kann ein Vorgang nicht sein. Ob es Dir gelingt klar und verständlich zu sprechen – diese Prognose will keiner wagen.

In der Physiotherapie und Ergotherapie gilt weiter – *„Alltag als Übung"*: vom Liegen in den Sitz, Übergang in den Rollstuhl, Rollen ins Bad mit Hilfe Deiner rechten aktiven

Körperseite, den Oberkörper waschen und mit Hilfe der Therapeutin den Unterkörper. Weiterhin ist Deine linke Körperseite zu „stumm" und versehrt, um mitzuhelfen, doch weiter wird sie „angesprochen" und mitgenommen. Dein Alltag wird erweitert: Erste Therapien werden gemacht in den Therapieräumen der Station. Und weiterhin wirst Du mit dem Rollstuhl kämpfen müssen; Du wirst häufiger und länger in ihm sitzen. Alle hoffen – Du erkennst bald, dass er Dich mobiler macht und nicht nur einschränkt.

Weiter wirst Du künstlich ernährt über die Magensonde, weiter wird Deine Blase entleert über den Blasenkatheter. Ziel ist es, dass Du leben kannst ohne Sonde und Katheter: Dazu musst Du nachhaltig und ausreichend essen können, Deine Blase sicher entleeren und selbstständig den Transfer schaffen vom Bett in den Rollstuhl und vom Rollstuhl auf die Toilette.

Meine Prognose bleibt: Du wirst *gehend* die Klinik verlassen, ohne Sonde und ohne Katheter; Du wirst *sprechen* und *essen*.

Die Kanüle ist weg; weiter „sprechen" wir mit Hilfe der Schrifttafel. Du kannst erste Worte und kleine Sätze bilden: Doch noch zu „verwaschen" sind Deine Stimme und Aussprache – wie im Nebel bleibt das, was Du sagen willst. Wenn Deine Hand mir zeigt, was Dein Mund mir nicht sagen kann, erinnerst Du mich an die „Gabe der Sprache". So selbstverständlich habe ich vor Deiner Gehirnblutung mit Dir gesprochen – so demütig bin ich heute, wenn Worte meinen Kopf und Mund verlassen. *Jedes Wort kann das letzte sein* – diese schmerzvolle Wahrheit hast Du mich gelehrt.

Was haben wir uns gesagt? Was nicht? Was haben wir vermieden? Wo geschwiegen?

Worte klingen und tönen... Worte öffnen oder verschließen, achten oder werten, erlauben oder verhindern, geben oder vermeiden.

Worte klären und versöhnen, bewegen und verändern, streicheln und berühren, strahlen und lieben.

Ich kann wählen, wie meine Worte klingen und tönen und mit welcher „Farbe" sie strahlen... *„Jedes Wort kann das letzte sein".*

„Jedes Wort kann das letzte sein": In dieser schmerzvollen Wahrheit beginne ich zu leben. Es wird so schwer, zu kämpfen und zu wüten, wenn ich weiß: Es kann das Letzte sein, was Dich und mich verbindet. Achtsam werde ich und ringe um jedes „gute" Wort: Es kann das Letzte sein, was Dich und mich verbindet.

Jeder Laut und jedes Wort sind eine *Gabe*... Wie sollen mein Lachen und Weinen tönen, wenn meine Stimme nicht erklingen kann? Wie will ich Dir sagen: „Ich bin da und bleibe", wenn mein Mund nicht formen kann, was so entscheidend ist für Dich.

Versuch und Irrtum, Frage und Erkenntnis – waren und sind der Rhythmus unserer „Gespräche". Ich „setze mich in Deinen Kopf" und „spreche" mit mir: Du hast die Worte, aber findest die Form nicht, sie auszudrücken, oder Du hast die Form, doch sie ist zu zerbrechlich, um das Wort zu halten... ganz so, als ob Du backst, den Teig formst, Sterne ausdrücken willst, doch nur eine Form hast, die Dir Taler erlauben. Oder Du spielst Cello, willst ein Stück geben, doch bis auf eine Saite, sind alle anderen gerissen; wie will es da klingen und tönen?

Ich werde milde und demütig – wenn ich Dich nicht verstehe, und bin dankbar um jedes Wort, was Du mir zu verstehen gibst. Ich bin dankbar um jedes „gute" Wort, was Dich und mich verbindet.

Doch wie schwierig ist es, das „gute" Wort zu finden, wenn Stürme wüten und hohe Wellen gegen das Schiff peitschen, was ich sicher in den „Hafen" bringen will. Und was ist ein „gutes" Wort? Und heißt „gut" immer „ruhig und im Frieden", und was heißt „Frieden"?

Ein „gutes" Wort darf klären, unterscheiden, trennen – doch will bezogen bleiben.

Ein „gutes" Wort darf klar und stark sein, und wenn es verletzt, will es wieder heilen.

Ein „gutes" Wort darf streiten, ringen, wüten, toben – doch will immer bleiben, und wenn es allzu laut ist, will es wieder leiser sein und schlichten.

Du bist die schwer Erkrankte und ich der Angehörige an Deiner Seite: Wir sitzen auf unterschiedlichen Stühlen – doch die Stühle stehen auf einem gemeinsamen Boden.

Wir haben uns entschieden, im Wort zu bleiben, also lass uns miteinander kämpfen, wüten, weinen, üben und im Frieden sein – und wenn Du *gehend* die Klinik verlässt, *sprechen* und *essen* kannst, war jedes Wort „gut".

Ich begleite Dich weiter mit „guten" Worten und sehe: wie Du aufstehst, hinfällst und wieder aufstehst, wie Du weiter in den Therapien kämpfst, wütest, weinst und übst. Ich sehe auch, dass Du einen Stein mehr aus Deinem schweren Weg nimmst als Du hineinlegst...

Ich sehe: wie Du die passierte Nahrung aufnimmst, übst, sie zu kauen und zu schlucken; wie Du die erste Flüssigkeit über einen Strohhalm aufnimmst und versuchst zu trinken. Noch kann Dein Mund die Nahrung und Flüssigkeit nicht halten; noch kannst Du Deine Lippen nicht schließen, noch nicht ausreichend schlucken.

Ich sehe und höre: wie Dein Mund und Deine Lippen Worte und erste Sätze formen und aussprechen, wieder formen und wieder aussprechen. Der „Nebel", der Deine Stimme so belegt hat, zieht sich langsam zurück, und Deine „verwaschene" Stimme wird wacher und klarer.

Ich sehe: wie Du auf dem Medizinball sitzt und Dein Gleichgewicht hältst; wie Du im Barren stehst, die Holmen unter Deinen Achseln und erste Schritte und Meter *gehst*.

Ich sehe: wie Du mit Hilfe von zwei Therapeutinnen erste Treppenstufen *gehst*.

Ich sehe: wie Du Dich im Bett aufrichtest, Dich auf die Bettkante setzt und mit Hilfe von dort in den Rollstuhl übergehst, ins Bad rollst, Dein Gesicht und Deinen Oberkörper wäschst, zurück an Dein Bett rollst und dann von der Therapeutin mit Deiner Hilfe angekleidet wirst.

Ich sehe: Weiterhin ist Dir ein außergewöhnliches Potenzial gegeben zu gesunden.

Ich sehe weiter: wie Du Dich wehrst und streikst, wenn Du im Rollstuhl üben „musst", insbesondere dann, wenn Du länger in der „Öffentlichkeit" auf der Station sein „sollst". Noch kannst Du Dich mit dem Rollstuhl, nicht selbstständig fortbewegen – so fühlst Du Dich weiterhin abgestellt und ausgegrenzt. Bald wirst Du rollen können. In der Physiotherapie übst Du die ersten Meter; Dein rechtes aktives Bein macht die notwendigen Trippelschritte, Dein rechter aktiver Arm bewegt den Greifreifen Deines Rollstuhls. Bald kannst Du den Platz und Raum selbst wählen und entscheiden, wann und wohin Du rollst.

Ich kann aufstehen und gehen, wann immer ich will, wohin ich immer will. Du musst bleiben. Ich verstehe Deine Wut, fühlen kann ich sie nicht: Ich sitze nicht im Rollstuhl.

Doch ist die Wahl, jederzeit aufstehen und gehen zu können, eine echte Wahl oder oft nur gedacht und scheinbar?

Wie oft führt mich die Wahl weg von mir? Wie oft lässt mich die Wahl „gehen" – dort, wo ich „sitzen und bleiben" sollte.

Ich möchte nicht im Rollstuhl sitzen müssen, um dann zu erkennen, dass ich auch „frei" sein kann, wenn ich nicht mehr alles wählen und erreichen kann.

Du wirst die „Freiheit" der Grenzen nicht fühlen können und wollen; vielleicht wirst Du sie später erkennen und annehmen.

Mir hilft diese Sicht, mich mit Deinem Schicksal, Deinem Weg und meinem Leben zu versöhnen.

„Ich bin da und bleibe": Das ist meine Wahl!

Vier Monate nach dem Tag Deiner Gehirnblutung *rollst* Du hinein ins „öffentliche" Leben...

Das erste Mal verlassen wir die Station und Klinik und rollen draußen auf grünen Wegen. Der erste Wind weht Dir ins Gesicht, die ersten Sonnenstrahlen wärmen Deine Haut. Du bist ängstlich, Du weinst, fühlst Dich überfordert und verwirrt: Zu groß ist der Raum hier draußen, zu fremd sind die Töne und Menschen. Nach wenigen Minuten fühlst Du Dich so bedrängt, dass Du zurück in dein Zimmer willst, hier fühlst Du Dich geborgen und sicher.

Erneut erkenne ich, wie tief Deine Gehirnblutung auch in Dein Wesen eingeflossen ist, das Fundament überschwemmt hat, auf dem Du glaubtest sicher zu stehen, es aufgeweicht und aufgerissen hat, sodass kein Stein mehr auf dem anderen blieb. Doch Du brauchst auch in Deinem neuen Dir noch fremden Leben ein Fundament, das Dich trägt. Also rolle ich weiter mit Dir auf fremden Wegen –

auf dass sie Dir bald vertrauter und näher werden. Ich achte Deine Angst, Scham und Tränen, doch sie werden mich nur erweichen, weiter mitzubauen an Deinem neuen Fundament. Mit jedem kleinen Gang trocknen Deine Tränen, und jeder Gang lässt Dich erkennen, wie mobil der „verdammte" Rollstuhl Dich doch macht. Du nimmst teil am „öffentlichen" Leben, eine Teilnahme die noch vor zwei Monaten so unwahrscheinlich war. Jeder Gang und Meter sind eine kleine „Reise" hinein in Dein selbstbestimmtes Leben.

Keine Schrifttafel muss uns mehr begleiten. Es ist Deine „verwaschene", doch wacher werdende Stimme, die zu mir spricht. Dein Finger muss mir nicht mehr zeigen, was Deine Stimme noch nicht kann.

Es ist Juni und warm, also beste Bedingungen, um mit Dir draußen zu sein: raus aus der Klinik, rein in das Licht, in die Wärme der Sonnenstrahlen, in die Freude des Alltags. Wie willst Du Dich verorten in einem Leben, das Dir fremd ist und hineinfinden in ein selbstbestimmtes Leben – wenn nicht Freude in Deinem Alltag ist? Ja, Du sitzt im Rollstuhl, bist schwer versehrt, doch ich werde nicht müde, Dir zu zeigen, was Dein Körper und Deine Seele noch können und wieder können. Vier Tage in der Woche bin ich bei Dir und mit Dir: Das sind vier mögliche Übungstage; nur der Regen hindert uns zu gehen. Bei unseren ersten Gängen kommen wir nicht weiter als dreihundert Meter. Meter um Meter rolle und übe ich mit Dir. Jetzt gehen wir einen Kilometer, ohne dass Deine Angst „anspringt". Die fremden Wege und Töne werden Dir vertrauter und näher. Ich lasse Dich erkennen, *wofür* es sich hier draußen zu leben lohnt.

Ich lasse Dich den „fremden" Raum außerhalb der Klinik erfahren und hoffe, Du findest in ihm die Freuden und Gaben, die Dich weiter rollen und üben lassen; auf dass Du *gehend* die Klinik verlässt.

Jeder Meter wird auch zum Übungsweg für mich... Wer rollt mit wem? Wer übt mit wem? Wer lässt wen die Freuden und Gaben des Alltags erfahren? Wer führt wen in ein selbstbestimmtes Leben?

Die Grenzen verschieben sich: ähnlich wie zwei Flüsse, die ineinanderfließen, sich verbinden, um dann verbunden ins große Meer zu strömen. Wie will ich das eine Wasser vom anderen trennen und wie unterscheiden?

Wer fließt mit wem? Die Grenzen verlaufen im *„Du":* Ich fließe in Dir und Du in mir...

Jeder Meter und Weg mit Dir sind auch ein Weg mit mir – wenn ich sehe:

Wie Dich das Leben berührt und Du das Leben.
Wie Du der Sonne zusiehst, wie sie strahlt und wärmt.
Wie das Eichhörnchen vor Deinem Rollstuhl davonrast
und Dein Lächeln flink hinterher.
Wie ein Hund an Deinen Rollstuhl tritt
und Deine versehrte Hand so zart ihn streichelt.
Wie Du Dich an den gurrenden Tauben erfreust.
Wie Du verweilst an einem Hibiskusstrauch,
eine Blüte sanft mit Deiner Hand aufnimmst
und den Bienen zusiehst, wie sie um den Nektar streiten.
Wie Du am Stamm einer alten Eiche stehst,
leise weinst, Deine Tränen trocknen lässt
und ich weiß – Du weinst um Dich.

Jeder Meter und Weg mit Dir sind auch ein Weg mit mir –
wenn ich sehe:

Wie Du Dein „zerbrochenes", versehrtes Leben annimmst,
die „kleinen" Freuden und Gaben des Alltags aufnimmst
und hinein rollst in Dein versehrtes fremdes Leben.

Ich wollte weglaufen, doch ich wusste, wenn ich weglaufe,
stehle ich mich aus der Verantwortung, aus der Verbindlichkeit, aus der Liebe. Ich konnte „mitfließen" oder ertrinken im Strudel der Anforderungen und Aufgaben. Ich habe
mich entschieden, zu bleiben und „mitzufließen". Ich habe
mich eingelassen auf einen Weg, auf dem ich nicht wusste,
was mich erwartet. Doch ich wusste: Der Weg wird mich
nachhaltig verändern; er wird Einstellungen und Haltungen
verändern, von denen ich glaubte, sie seien gesetzt, unumstößlich und fest. Ich wusste, der Weg wird mein Leben
umformen und neu ordnen.

Was geht? Was kommt? Was bleibt? Im weiteren Weg mit
Dir werde ich die Antworten finden.

Was zeigt und setzt sich schon heute? Die „großen" Ziele
und das Morgen werden schwächer; der Weg und das Jetzt
werden stärker. Es gehen die Entwürfe und kommen die
Augenblicke. Mein Leben wird leiser...

Ich habe mein Leben nie an „harte" Ziele gehängt, bin immer auch dem Prozess und Weg gefolgt und mit den Er-
eignissen „geflossen", habe immer auch dem Müßiggang
Raum und Zeit gegeben. Doch im Bewusstsein: *Jeder Meter*

kann der letzte sein, jedes Wort das letzte, werde ich achtsamer und demütiger, hinterfrage mich und meinen Weg.

Es ist der Weg mit Dir, der meinen Weg verändert. Es ist wie Du ins Leben rollst; wie Du kämpfst, wütest, übst. Es sind die „Augenblicke" mit Dir: wie Du der Sonne zusiehst, wie sie strahlt und wärmt..., das Eichhörnchen..., der Hund..., die Tauben..., der Hibiskusstrauch und die Bienen..., die Eiche und Deine Tränen...

Und ich hoffe: Es kommen noch so viele „Augenblicke", die meinen Weg verändern.

Dein Weg geht weiter. Was am Anfang so unwahrscheinlich war, ist nun möglich: Die neuropsychologische Therapie hat begonnen, zweimal in der Woche fünfundvierzig Minuten. Du kannst ausreichend kommunizieren: erschwert, verlangsamt, doch verständlich.

Die Anamnese bestätigt, was ich mit Dir erfahren habe: Die Psychologin findet im Gespräch mit Dir keine schwerwiegenden Defizite. Du kannst die Inhalte aus der vorherigen Therapiesitzung vollständig erinnern und bist zu allen Inhalten vollständig orientiert; die Gedankengänge kannst Du sicher nachvollziehen. Das sind beste Voraussetzungen für eine gelingende Therapie – bei dem Grad Deiner Gehirnblutung nicht selbstverständlich und ein *Wunder*.

Auch die Psychologin konnte in den letzten Wochen beobachten, wie Du kämpfst, wütest und weinst, wenn Du im „öffentlichen" Raum der Station, alleine im Rollstuhl, sitzen und üben musstest. Im Gespräch bestätigt sich: Du fühlst Dich alleine gelassen und „abgestellt", erlebst Dich hilflos, ängstlich und ohnmächtig. In der Physiotherapie und Ergotherapie kannst Du sitzen, rollen und üben; mit mir kannst Du ins Leben rollen. Die Psychologin ist sich sicher: Wenn Du den Ort selbst wählen kannst und Dein Körper so stabil ist, dass er Deiner Wahl folgen kann, wird Dein Kampf schwächer, und Deine Angst wird sich zurückziehen.

Die Physiotherapie und Ergotherapie helfen Deinem Körper „auf die Beine". Die Neuropsychologie und Psychotherapie helfen Deinem Kopf, Deinen Körper zu unterstützen und Deiner Seele, die Krankheit zu verarbeiten. Die Gehirnblutung ist wie ein Erdbeben durch Deinen Körper und Deine Seele gerast: Du bist „eingestürzt", und Dein bisheriges Leben liegt unter Steinen und Trümmern. Die Neuropsychologie und Psychotherapie bieten Deinem Wesen, das so erschüttert ist, einen „sicheren" Ort, wo es heilen kann. Du lernst, die Steine und Trümmer weiter abzutragen und mit ihnen Dein Leben neu zu ordnen, und das heißt zuerst: Dein Leben jetzt. Du wirst unterstützt im Umgang mit Deinen Ängsten; Deine Selbstführung und Selbstkontrolle werden gefördert und gestärkt. Später dann, wenn Du stabil bist, wird noch untersucht, wie wirksam Deine Aufmerksamkeit ist und wie leistungsfähig Dein Gedächtnis. Defizite sind zu erwarten: So wird sich den Untersuchungen ein entsprechendes Training anschließen. Und zum Ende der Rehabilitation wirst Du vorbereitet auf Dein nahes Leben danach, auf das Leben mit Deiner Versehrtheit.

Mich befremdet noch die Tatsache, dass Du nun die Patientin bist: Mich befremden die vertauschten Rollen, die mir noch einmal zeigen, wie schwer erkrankt Du bist. Vor Deiner Gehirnblutung warst Du die Psychotherapeutin, die Patienten durch schwere Lebenskrisen geführt hat. Du hast Patienten begleitet, die an Krebs erkrankt waren und sie unterstützt auf ihrem Gesundungsweg. Und jetzt sitzt Du schwer erkrankt und versehrt auf dem Stuhl der Patientin. Du hättest als Psychotherapeutin die Gaben und Kenntnisse, Dir selbst eine verständige, wertschätzende Begleiterin zu sein. Die Gehirnblutung hat Dich so tief erschüttert, dass auch Deine Gaben und Kenntnisse verschüttet sind: Sie sind da, doch auch sie müssen von Dir neu geordnet und aufgebaut werden. Ich weiß: Du kannst zugreifen auf sie; ich sehe und erfahre es jeden Tag. Ja, Du kämpfst, wütest und weinst: Doch ich sehe auch wie Du übst, aufstehst, hinfällst und wieder aufstehst; wie Du die Steine und Trümmer ordnest, unter denen Du noch liegst, und einen Stein mehr aus dem Weg nimmst als Du hineinlegst.

Du bist Psychotherapeutin, das heißt aber nicht, dass Du frei bist von Schmerz, Angst, Wut und Ohnmacht. Du hast eine lebensbedrohliche Gehirnblutung erfahren; Dein Körper ist schwer versehrt, das ist eine schmerzvolle Wahrheit und ein „Lebensbruch", die sich beide nicht vorstellen lassen – in keiner Therapeutenausbildung, in keiner Psychoanalyse und Eigentherapie. Dein altes Leben ist „zerbrochen". Du hast im Koma gelegen, bist erwacht und wusstest: „Nichts in meinem versehrten Leben wird so sein, wie es vorher war". Die Psychotherapeutin in Dir kann Dir helfen, Deine Erkrankung zu verarbeiten und Dein Schicksal anzunehmen. Die Neuropsychologie wird

Dich in der weiteren Rehabilitation unterstützen, die verschütteten Gaben und Kenntnisse freizulegen und wiederzufinden, die notwendig sind, Dein „zerbrochenes" Leben neu zu ordnen und friedvoll anzunehmen, später dann. Doch zuerst soll die Neuropsychologie Dich dabei unterstützen, *gehend* die Klinik zu verlassen.

Vier Monate bist Du nun in der Rehabilitation: ein Weg, der „strenger" hätte nicht sein können; und ein Weg, der Dich hätte nicht weiterführen können. Was noch vor Dir liegt – ist ein Weg, der Dich weiterführen muss, willst Du *gehend* die Klinik verlassen. In den Therapien gilt weiter: *„Alltag als Übung"*, bewegen, was Deinem Körper möglich ist und wird, so selbstständig werden wie möglich: besser schlucken, essen lernen, besser sprechen.

Die Klinik, die Ärzte, Therapeutinnen und Pflegerinnen bleiben an der Seite – so lange, wie sich weiter Dein außergewöhnliches Potenzial zeigt und Du es auch ausschöpfen kannst und willst.

Wen Du an Deiner Seite auch weiter brauchen wirst, das ist die Krankenversicherung. Im Rhythmus von drei Wochen muss die Klinik einen Antrag stellen, damit die Rehabilitation verlängert wird und die Kosten weiter übernommen werden. Die Krankenversicherung entscheidet dann innerhalb einer Woche, ob Du bleiben kannst.

Was ist der Status? Was hat die Klink geleistet und was Du? Wie hast Du Dich entwickelt? Wie ist die Aussicht? Auf all diese Fragen erwartet die Versicherung eine Antwort. Erkennt der Medizinische Dienst die Perspektive nicht oder bewertet sie anders, steigt die Versicherung aus und Deine

Rehabilitation ist zu Ende. Um eine willkürliche Entscheidung auszuschließen, gibt es ein Verfahren, das der Klinik und Versicherung eine sachliche Bewertung ermöglicht: den so genannten „Barthel-Index". Er bewertet die alltäglichen Fähigkeiten eines Patienten; entwickelt wurde er insbesondere für Patienten mit neuromuskulären Erkrankungen oder Einschränkungen. Also auch für Dich. Fähigkeiten, die bewertet werden sind unter anderem: wie Du isst und trinkst? Wie Dir Deine Körperpflege möglich ist? Ob Du Dich anziehen und ausziehen kannst und wie? Ob Dir die Stuhlkontrolle und Harnkontrolle möglich sind? Und wie mobil Du bist? Aus der Frührehabilitation kommen zurzeit noch hinzu: der Blasenkatheter, die Magensonde, Deine Schluckstörung und Deine Kommunikationsstörung.

Bisher konnte die Klinik der Krankenversicherung Deine Fortschritte ausreichend belegen und begründen. Bisher gelang es der Klinik, die möglichen Fortschritte so darzustellen, dass die Versicherung auch weiter an Deiner Seite bleibt. Ob Deine Rehabilitation weiter gesichert ist, dafür gibt es keine Garantie. Weiter muss die Klinik im Rhythmus von drei Wochen einen Antrag zur Verlängerung stellen. Die Aussichten sind gut, dass Du noch einige Monate bleiben kannst; die wirst Du auch brauchen, willst Du *gehend* die Klinik verlassen. Doch auch wenn die Aussichten gut sind – mit jedem weiteren Antrag wird die Ablehnung möglicher, weil die Fortschritte langsamer werden und die Perspektive so „schwach" wird, dass die Versicherung die weiteren Kosten einer stationären Rehabilitation nicht übernimmt. Das weiß auch die Klinik und informiert mich entsprechend: Der Sozialdienst und der Leitende Oberarzt weisen darauf hin und bitten mich, dieses Risiko zu bedenken. Sie bitten mich für den Fall der Ablehnung, für Dich schon jetzt einen Platz im Pflegeheim zu suchen. Der Sozialdienst will mich dabei unterstützen. Nach Hause könntest Du nicht: Du wirst weiter mit Hilfe der Magensonde ernährt, hängst weiter am Blasenkatheter. Selbst ohne Sonde und Katheter wärest Du in Deiner Mobilität noch zu eingeschränkt, um zu Hause leben zu können.

Ich verstehe die Klinik: Sie müssen die Patienten und Angehörigen aufklären und beraten und für einen Übergang in ein sicheres Umfeld sorgen. Ich achte die Empfehlung, folge ihr aber nicht. Ich bin entschieden und folge weiter meinem Leitsatz: „Du wirst *gehend* die Klinik verlassen". Und das schließt auch ein, dass die Krankenversicherung an Deiner Seite bleibt. Wie willst Du *gehend* die Klinik verlassen, wenn die Versicherung vorzeitig aussteigt?

Ich gebe keine Energie in eine Lösung für ein Problem, das es nicht gibt. Ich gebe all meine Energie und all mein Tun in Deinen weiteren Weg, jetzt und entschieden. Der Platz im Pflegeheim käme Deinem „Begräbnis" gleich. Ich will, dass Du *„lebst"*, und so lange Du das außergewöhnliche Potenzial hast, *gehend* die Klinik zu verlassen, werde ich nicht müde, Dich sicher in den „Hafen" zurückzubringen, und das heißt nach Hause. Alles andere ist eine Niederlage, und die hat in meinem Kopf keinen Platz. Ich plane ja auch nicht eine Bergtour, und für den Fall meines Absturzes bestelle ich schon vorher die Bergrettung und den Rettungshubschrauber.

Also werde ich weiter dem *Wunder* die Hand reichen, Schritt für Schritt mit Dir gehen, vertrauen und loslassen.

Und wenn die Versicherung wirklich aussteigt, werde ich eine Lösung finden, aber erst dann!

Ich bleibe im Jetzt, und jetzt gehen Deine Therapien weiter und Dein Weg. Und jetzt gibst Du der Versicherung die beste Antwort, warum sie an Deiner Seite bleiben muss. Du kannst auf der Station nun rollen, wohin Du willst; den Ort selbst wählen, wo Du stehst und verweilst. Was vor Wochen keiner geglaubt hat, ist jetzt möglich: Deine rechte Körperseite ist so weit „erwacht" und Dein Rumpf so stabil, dass Du Dich im Rollstuhl selbstständig fortbewegen kannst. Dein rechtes Bein setzt die erforderlichen Trippelschritte sicher und nachhaltig; Dein rechter Arm bewegt den großen Greifreifen des Rollstuhls so kraftvoll, dass Du aus Deinem Zimmer rollen kannst, wohin du auf der Station auch willst. *„Alltag als Übung"* habe ich das Therapieprogramm genannt. Du hast „Fahrstunden" bekommen, ohne Dir dessen bewusst zu sein; die „Fahrprüfung" hast Du bestanden, ohne zu wissen, dass Du eine Prüfung ablegst. Sicher und nachhaltig rollst Du nach links und rechts, geradeaus und zurück und wohin Du willst.

Ganz frei bist Du jedoch in Deiner „Wahl" noch nicht. Du kannst den Ort auf der Station „wählen", doch weiter brauchst Du Hilfe beim Transfer vom Bett in den Rollstuhl; weiter hängst Du an der Magensonde und am Blasenkatheter. Willst Du rollen, dann muss der Schlauch, der hilft Dich zu ernähren, entkoppelt werden, und der Urinbeutel muss mit. Der kleine Schlauch der Magensonde liegt unsichtbar unter Deinem Pullover; der Urinbeutel hängt sichtbar am Rollstuhl. Dir hilft zu sehen, dass Du auf der

Station nicht die einzige Patientin bist, die ihren Urin mitführen muss.

Ja, den Transfer kannst Du noch nicht ohne Hilfe; die Sonde und der Katheter sind dabei, wenn Du rollst. Doch Du kannst rollen und das selbstständig! Das ist eine „große Wahl"! Auf der Intensivstation war Dein Tod möglich und wahrscheinlich, später dann der Verbleib im Wachkoma, und nach den ersten Wochen der Rehabilitation die dauerhafte Pflege. Und jetzt rollst Du hinein in Dein selbstbestimmtes Leben; versehrt und so gewollt von Dir selbst. *Was für ein Wunder!* Der Rollstuhl, das starre Übel und Hindernis, wird zu Deinem „Weggefährten". Die Therapeutinnen haben Dich tatsächlich „gezähmt". Dein „sperriger" Unwillen, der Dir vor Wochen noch so im Weg stand, zieht sich zurück. Mit jedem weiteren Tag vertraust Du dem Medizinbetrieb, den Du so abgelehnt hast. Jetzt, wo Du selbst rollen kannst, fallen die Reste der Mauer, die Du so widerständig vor Dir aufgebaut hast. Das haben alle gehofft und auch erwartet. Ein paar Steine bleiben, die Du dann aufnimmst und den Therapeutinnen in den Weg legst, wenn es Dich schmerzt, wie eingeschränkt und versehrt Du noch bist. Kämpfen, Wüten, Weinen, Üben – das war der Rhythmus in den Therapien und mit mir. Jetzt bist Du leiser geworden: keine lodernden Flammen mehr, die hochschlagen, wenn Du in den Rollstuhl musst, nur noch eine schwache Glut, die aufflammen will, aber nicht kann, weil ihr der Zündstoff fehlt.

Jetzt, wo Du so sehr willst, muss Dich keiner mehr bedrängen und überzeugen, Dein versehrtes Leben zu wollen.

Bald wirst Du selbstständig vom Bett in den Rollstuhl kommen; bald wirst Du ohne Magensonde und Blasenkatheter die Klinik erkunden. Wie will da die Krankenversicherung aussteigen? „Du wirst *gehend* die Klinik verlassen“: das ist und bleibt gesetzt!

Die Versicherung bleibt an Deiner Seite; weitere drei Wochen sind bewilligt und die Aussichten auf weitere Verlängerungen sind gut. Meine Entscheidung bleibt richtig: keine Energie in eine Lösung für ein Problem, das es nicht gibt; keine Energie für einen Platz im Pflegeheim; all meine Energie und all mein Tun in Deinen weiteren Weg.

Ich habe die Rolle des *Kapitäns* angenommen; habe so vielen Stürmen und Wellen getrotzt, drohte zu kentern mit Dir, habe das Ruder gehalten, bin an Bord geblieben. Jetzt, wo das Meer nicht mehr tobt, Du nicht mehr kämpfst und wütest, kann ich das Schiff lenken – ohne die Angst, mit Dir zu ertrinken. Ja, wir sind noch nicht im „Hafen“; es werden noch einige Wellen und Strömungen am Schiff und Kurs rütteln, doch der „Hafen“, der so weit weg war, ist jetzt erreichbar.

Jede Therapie verkürzt den Weg und jede Stunde mit mir.

Ich erfahre und sehe in den Therapien: wie Du jetzt öfter lachst und weniger weinst, und wenn Du weinst, weil es Dich schmerzt, wie versehrt Du doch bist. Da, wo Kampf und Wut waren, sind jetzt Schmerz und Trauer, Glaube und Wille. Alles dürfte sein. Alles darf sein.

Du übst weiter: die Transfers vom Bett in den Rollstuhl, um dann zu rollen, wohin Du auf der Station auch willst.

Du rollst weiter morgens ins Bad, wäschst Dein Gesicht und Oberkörper jetzt selbstständig; rollst zurück an Dein Bett, um Dich dann mit Hilfe der Therapeutin anzukleiden.

Du stehst und gehst im Barren, die Holme unter Deinen Achseln und erringst Dir jetzt Meter um Meter, vor und zurück.

Du gehst jetzt zehn Treppenstufen mit Hilfe von zwei Therapeutinnen, vor und zurück.

Du sitzt auf dem Medizinball und kannst jetzt ohne Hilfe für ein paar Sekunden Dein Gleichgewicht halten.

Du liegst auf der Bodenmatte und kannst Dich jetzt mit Hilfe eines Würfels aufrichten in den Kniestand.

Ich sehe weiter: wie Du passierte Nahrung aufnimmst, übst, sie zu kauen und zu schlucken; wie Du Wasser und Tee über einen Strohhalm aufnimmst, und übst zu trinken; wie Du übst, Deine Lippen zu schließen, und versuchst, die Nahrung und Flüssigkeit zu halten.

Ich höre und sehe weiter: wie Dein Mund und Deine Lippen üben, Laute und Worte zu formen, auszusprechen, wieder zu formen und besser auszusprechen.

Ich erlebe: wie die Neuropsychologie und Psychotherapie Dich unterstützen, Deine Erkrankung zu verarbeiten, Deine Selbstführung und Selbstkontrolle fördern und stärken.

Ich erlebe: wie Deine eigenen therapeutischen Gaben und Kenntnisse jetzt wacher werden, Du auf sie zugreifst und sie Dir helfen – anzunehmen, was und wie es jetzt ist.

Ich erlebe: wie Du Deinen „Lebensbruch" jetzt annimmst und wie sehr Du Dein versehrtes Leben jetzt willst.

Was für eine Gnade!

Der „Hafen", der so weit weg war, ist jetzt erreichbar. Jede Therapie verkürzt den Weg und jede Stunde mit mir. Und die Stunden mit mir erlebst Du nun oft draußen. Wir rollen weiter hinein ins „öffentliche" Leben; raus aus der Klinik, rein in das Licht, in die Wärme der Sonnenstrahlen, in die Freuden des Alltags. Die fremden Wege, Töne und Menschen sind jetzt so sehr gewollt von Dir; sie bedrängen, verwirren und überfordern Dich nicht mehr.

Ich komme, begrüße Dich, verweile eine halbe Stunde an Deinem Bett, und schon willst Du raus. *Was für eine Freude!*

Ich entkoppele Magensonde und Blasenkatheter, kleide Dich an, hänge den Urinbeutel geschützt an Deinen Rollstuhl und rolle mit Dir hinein ins „öffentliche" Leben. Mit jedem Gang wirst Du Dir vertrauter, in Deinem Dir so versehrten Leben. Mit jedem Gang findest Du die Gaben und Freuden, die Dich weiter rollen und üben lassen. Und ich finde die Gaben und Freuden, die mich mir vertrauter machen und weiter meinen Weg verändern. Wir geben unserem Gang nun einen Namen: „die Hibiskusrunde..."; Namensgeber ist der Hibiskusstrauch am Café der Klinik, der Dich auf den ersten Gängen so erinnert hat an das Wunder des Lebens. Raus aus der Klinik und links herum zum Café und Hibiskusstrauch, so beginnt jetzt jeder Gang. Sanft nimmst Du die Blüten in Deine Hand, als ob Dein versehrtes Leben sich mit ihnen verbindet. Sanft siehst Du den Bienen zu, wie sie um den Nektar streiten. Sanft fließen Deine Tränen und, wenn sie dann getrocknet sind, rollen wir weiter. Wir rollen vorbei an den Tönen und Menschen, die uns begegnen, an den Vögeln, Bäumen und Wolken, nehmen das Licht und die Wärme auf und sind uns selbst Gabe und Freude.

Ich liebe einen guten Espresso; so oft war er mir „Seelentröster", bevor ich zu Dir kam, oder wenn Du mal wieder gekämpft und gewütet hast. Immer noch schaffe ich mir „kleine Inseln", die nur ich betreten darf; der Espresso beim Italiener ist eine solche „Insel".

Jetzt rolle ich mit Dir zum Cafe der Klinik und will mit Dir gemeinsam einen Espresso genießen. Und bald werde ich auch meine „kleine Insel", den Italiener um die Ecke, für Dich „öffnen".

Am Ausschank des Klinikcafés holen wir uns einen Espresso, setzen uns an den kleinen Springbrunnen und lauschen den friedvollen Tönen des Wassers. Ich will den Espresso gemeinsam mit Dir trinken. Wie kann ich Dich teilhaben lassen? In der Therapie nimmst Du das Wasser oder den Tee mit dem Strohhalm auf. Ich habe keinen Strohhalm, nur einen Löffel, fülle ihn, führe ihn an Deine Lippen und lasse den Espresso langsam in Deinen Mund fließen. Du kannst Deine Lippen noch nicht schließen, noch nicht ausreichend schlucken, sodass etwas aus Deinen Mundwinkeln zurückfließt. Ich war vorbereitet und trockne

Deinen Mund mit einem Tuch. Der Espresso ist mäßig, doch für Dich ist er ein besonderer Genuss; ihn zu teilen ist eine große Gabe und Freude, für Dich und mich. Dir saß so bedrohlich die Kanüle am Hals, und jetzt trinkst Du Deinen ersten Espresso, vom Löffel zwar – doch bald wirst Du ihn aus der Tasse nippen und trinken. Und bis dahin nennen wir ihn „Löffelespresso".

Immer weiter rollen wir hinein ins „öffentliche" Leben. Immer wieder reichen wir nun gemeinsam dem *Wunder* die Hand.

Wir starten am Hibiskusstrauch, holen uns einen „Löffelespresso", verweilen am Springbrunnen, lauschen dem Wasser und lassen uns beruhigen. Zu uns gesellt sich jetzt eine Katze, vielleicht eine Hauskatze aus einem der umliegenden Häuser. Du lässt sie auf Deinen Schoß springen, streichelst sie mit Deiner versehrten Hand und gibst ihr den Namen „Mumi". Immer wieder begegnet sie uns auf unserer Runde, meist am Springbrunnen. Öfter sitzt sie auf Deinem Schoß. „Mumi" weiß nicht, dass Du versehrt bist. Vielleicht hilft sie Dir ein wenig, Deinen „Lebensbruch" zu heilen; vielleicht ist auch sie eine Gabe, die Dir zeigt, *wofür* es sich hier draußen doch zu leben lohnt.

Immer länger wird die „Hibiskusrunde". Erst rollen wir zum Hibiskusstrauch, dann folgen der „Löffelespresso" am Springbrunnen und der anschließende Rundgang um das weite Gelände der Klinik. Jetzt rollen wir zur Kapelle: Bisher wolltest nur vorbei; jetzt willst Du hinein. Du bist praktizierende Buddhistin: Bisher war der Buddha auf dem Beistelltisch Deines Bettes Deine „Kapelle". Jetzt scheinen

Dich doch Deine christlichen Wurzeln in die Kapelle der Klinik zu rufen. Oder vielleicht war es die andächtige Stille, die Dich ferngehalten hat, vielleicht, weil Du in ihr so dicht und unmittelbar Deine Versehrtheit, Trauer und Schmerzen fühlst. Ich frage Dich nicht und lasse Dich Deinen Weg in die Kapelle finden. Wir rollen hinein, setzen uns, legen die Hände in unseren Schoß und lassen die Stille hinein in uns – doch nur einen Augenblick, dann beenden Deine Tränen die Stille. Du blickst auf das so bedrohliche Kreuz vor Dir und willst raus. Vielleicht macht Dir das Kreuz Deinen „Lebensbruch" und „Kreuzweg" bewusster. Ich frage Dich nicht, achte Deine Trauer und rolle mit Dir hinaus. Hier draußen trocknen Deine Tränen und vielleicht für einen Augenblick auch Deine Trauer. Ich lege meine Arme um Deine Schultern, keine Frage, kein Wort, ganz still rollen wir weiter.

Weiter sammeln wir Freuden, Gaben und Augenblicke – mit jedem Gang immer wieder...

... die Sonne, die Deine versehrte Seele so wärmt und tröstet...; das Licht, das Dich erinnert, wie dunkel es in Dir war...; die Wolken, auf denen Deine Gefühle und Gedanken reisen...; der Hibiskus, der Dich einlädt, das Werden und Wunder des Lebens zu sehen...; der „Löffelespresso", der Dich so genussvoll Dein Leben schmecken lässt...; „Mumi", die Katze, die so vertraut mit Dir, sich in Deinen Schoß einrollt...; die Töne und Menschen, die vorbeiziehen...; die Kapelle mit ihrer andächtigen, berührenden Stille...; und die größte Freude und Gabe, die wir finden, ist: wie Du weiter Dein „zerbrochenes" Leben annimmst, hinein „*rollst*" in Dein versehrtes, fremdes Leben – so sehr gewollt von Dir selbst.

Jeder Meter und Augenblick mit Dir bleiben auch ein Übungsweg für mich...

Wer lässt wen die Freuden und Gaben des Alltags erleben? Wer führt wen in ein selbstbestimmtes Leben? Die Grenzen haben sich verschoben. Im Laufe des Weges wurden wir zwei Flüssen ähnlich, die langsam ineinanderfließen, um dann verbunden ins große Meer zu strömen. Wie will ich das eine Wasser vom anderen trennen und wie unterscheiden? Und so fließen und rollen wir weiter, teilen die Freuden, Gaben und Augenblicke – auf dass Du bald *gehend* die Klinik verlässt.

Raus aus der Klinik, rein ins „öffentliche" Leben – so bleibt der Rhythmus unserer gemeinsamen Zeit. Bisher heißt das: Rundgang um das weite Gelände der Klinik. Doch, wenn es Dir auf unseren Rundgängen möglich ist, die vielen Eindrücke und Augenblicke zu erleben, die Dich auf unseren ersten Gängen noch so bedrängt, verwirrt und überfordert haben, dann kannst Du auch in die Ruhe der Natur mit mir „reisen". Ja, Du musst die sichere Klinik verlassen; das wird die Übung sein – doch Du wirst in der Natur das Leben finden, das Dich vor Deiner Erkrankung so genährt hat.

Ich plane einen Tagesausflug in die „Brücker Hardt", ein beliebtes Ausflugsziel, fünfzehn Kilometer von der Klinik entfernt. Du bist begeistert, aber auch unsicher und ängstlich: Alles darf sein – Du hast eine schwere Gehirnblutung erfahren und sitzt im Rollstuhl. Doch die Freude überwiegt und nimmt der Angst die Kraft. Der Leitende Oberarzt stimmt zu; auch die Therapeutinnen und Pflegerinnen sind begeistert, haben sie doch so sehr mit Dir gerungen – und jetzt rollst Du weiter hinein in Dein selbstbestimmtes, versehrtes Leben. Wir planen unsere kleine „Reise" für das nächste Wochenende.

Es ist Samstag; ich komme um zehn Uhr: so freudig, erwartungsvoll und angespannt wie nie zuvor, wenn ich Dich abholte, um mit Dir ins „öffentliche" Leben zu rollen. Ich setze mich an Dein Bett, lege meine Hand in Deine und erinnere, wie ich nicht müde wurde, dem *Wunder* die Hand zu reichen... und jetzt: unser Ausflug in die „Brücker Hardt"! Wir weinen: Freude, Schmerz und Trauer fließen, Zuversicht und Wille.

Ich entkopple Magensonde und Blasenkatheter und kleide Dich an. Der Urinbeutel, der sonst so geschützt an Deinem Rollstuhl hängt, weicht einem Beinbeutel, der flach, unsichtbar und fest unter Deiner Hose liegt. Nur noch die kleinen Zugänge unterhalb des Bauchnabels und an Deiner Blase erinnern an das, was hinter Dir liegt, und an das, was Dich noch erwartet.

Wir rollen auf den Parkplatz. Die Transfers sind Dir so sicher möglich, dass Dir der Übergang in den Wagen gut gelingt. Vom Bett in den Rollstuhl, vom Rollstuhl in den Wagen – zu Beginn der Rehabilitation hat das keiner geglaubt. Ich war sicher und „es" in mir, dass nicht der Krankenwagen Dich nach Hause bringt; Dein eigener Wagen wird es sein.

Wir starten: bereit Freuden, Gaben und Augenblicke zu finden...

Ich überrasche Dich: Der „Löffelespresso" hat Dich so genussvoll Dein Leben schmecken lassen, dass er es ist, der am Anfang unseres Ausflugs steht. Wir starten mit einem Espresso bei „meinem" Italiener um die Ecke. Ich wusste, ich werde die „kleine Insel", die bisher nur ich betreten durfte, für Dich „öffnen": Heute ist es soweit. Es ist warm, die Sonne scheint, wir können draußen sitzen. Was für eine Gabe! Was für ein Augenblick! Und der Espresso ist gut und ein besonderer Genuss für uns beide; kein lauer Klinikespresso wie bisher. Noch trinkst Du ihn vom Löffel, doch bald wirst Du Deinen ersten „Tassenespresso" trinken, und bis dahin ist es der Löffel, der Dich so genussvoll Dein Leben schmecken lässt. Töne und Menschen ziehen vorbei; Tassen klappern im Hintergrund; die Kaffeemaschine zischt. Wir schweigen und bleiben dankbar im Augenblick. Nach einer halben Stunde „reisen" wir weiter: fünfzehn Kilometer später – Ankunft in der „Brücker Hardt". Still war die Fahrt: wenig Worte, leise Tränen. Vor Monaten war Deine dauerhafte Pflege wahrscheinlich, dass Du liegen bleibst – warm, satt und sauber, und jetzt sitzt Du neben mir im Auto...! Ich stelle den Rollstuhl neben Deinen Sitz und unterstütze Dich beim Übergang. Vom Bett in den Rollstuhl, ins Auto und wieder in den Rollstuhl – keiner hat das geglaubt.

Wir rollen, schweigen, schauen und lauschen, lachen und weinen... kaum ein Wort: Wir wissen beide um diesen Augenblick, um diese Gabe und *Gnade*. Wir wissen aber auch, dass wir nie wieder wandern werden wie vor Deiner

Gehirnblutung; nie wieder gemeinsam den weiten Strand unter unseren Füßen vorbeiziehen lassen.

Wir rollen weiter in die Natur hinein, die Dich und uns vor Deiner Erkrankung so genährt hat. Ich folge Deinen Augen und Ohren, sehe, wie das satte Grün der Bäume Dich nährt; wie Du in ihren Wipfeln die Sonnenstrahlen einfängst; wie Du im Himmel verweilst, hörst, wie der Wald sich bewegt... Und so folge ich Deinen „Augenblicken", Meter um Meter bis zum Wildschweingehege inmitten der „Brücker Hardt". Wir mögen keine Zäune um Tiere: Doch dieses Gehege ist so ursprünglich, eingebunden und groß, dass wir unsere Vorbehalte lassen und uns einlassen auf das, was ist. Die Wildschweine haben sich in die feuchten Kuhlen zurückgezogen. Um sie zu locken, ziehen wir aus dem Automaten eine Dose Wildfutter. Wir rollen dicht an den Zaun: Du nimmst die Dose in Deine „wache" rechte Hand und rüttelst die Wildschweine heran. Kurz danach stehen alle am Zaun; Du weinst: Deine Tränen hören nicht auf zu fließen und in ihnen Deine Freude und Trauer. Ich beruhige Dich nicht, lasse Dich „fließen", wohin Du auch willst, und Du willst die Wildschweine füttern und gibst ihnen das Futter...

Dieser Augenblick ist so mächtig; er wird auf immer in mir bleiben; er wird mich auf immer erinnern und an mir „rütteln", nie das *Wunder* und die *Gnade* zu vergessen, die Dir und mir gegeben sind, nie zu vergessen, *dass jeder Augenblick, der letzte sein kann...*

Und wenn *jeder Augenblick der letzte sein kann:* Wie lebe ich dann, und was ist mein Weg?

Der Weg mit Dir, fordert mich „kürzer zu treten" und „länger zu bleiben": Wo ich bleibe und was dann kommt, werde ich finden auf dem weiteren Weg...

Du hast das Futter verteilt. Die Dose nehme ich mit: Ich werde sie auf den Beistelltisch Deines Bettes stellen – auf dass sie Dich erinnert, Dir weiter Freude und Gabe ist und Dich unterstützt, *gehend* die Klinik zu verlassen.

Wir rollen weiter: schweigen, schauen, lauschen, lachen und weinen... und manchmal wollen wir Worte finden, um zu benennen, was wir fühlen und sehen; und manchmal lege ich meine Arme um Deine Schultern, wenn es Dich zu sehr schmerzt, wie versehrt Dein Leben jetzt ist.

Nach drei Stunden sind wir wieder am Wanderparkplatz... Wir wollen wiederkommen und wieder zum Wildgehege rollen; werden wieder eine Dose Wildfutter am Automaten ziehen; wieder wirst Du mit der Dose rütteln und die Wildschweine füttern, und wieder wird diese *Gabe* an uns „rütteln" und uns erinnern weiterzurollen, bis Du *gehend* die Klinik verlässt.

Auf dem Rückweg setzt Du den „Punkt" hinter einen Tag voll berührender Augenblicke, Freuden und Gaben.

Ich bin sicher, den Weg zurück in die Klinik zu kennen. An einer großen Kreuzung will ich geradeaus. Du korrigierst mich: „Christof, hier müssen wir links; an dem Bestattungsunternehmen sind wir auf der Hinfahrt rechts abgebogen." Es stimmt. Wer ist hier versehrt und wer der *Kapitän?* Ganz vorsichtig hast Du Deine Hand ans Ruder gelegt und ich erkenne: Ab jetzt wirst Du das Schiff mitlenken, da wo es Dir möglich ist. Und ich erkenne meine Aufgabe: entschieden am Ruder zu bleiben, da, wo es notwendig ist, und es loszulassen, da, wo Du mitlenken kannst. Noch bin ich gebunden in der Rolle des *Kapitäns*, der alleine lenkt, und kann nicht annehmen, was ich erkenne. Doch ich weiß auch: Wenn ich nicht bereit bin, Dir zu folgen und meine Rolle zu verändern, werden wir nicht in den sicheren „Hafen" zurückfinden.

Zum Ende unserer Tagesreise bedrängt mich die Frage: „Warst Du nicht der *Kapitän* und hast den Kurs bestimmt und ich war Dein *Steuermann?*" Am Ende unserer „großen Reise", werde ich vielleicht die Antwort gefunden haben. Und bis dahin, bin ich da und bleibe – welche Rolle es auch sein mag.

Am späten Nachmittag sind wir zurück in der Klinik... Ich unterstütze Dich beim Transfer vom Rollstuhl ins Bett, kleide Dich aus, schließe Dich an Magensonde und Blasenkatheter an und weiß: Es war ein guter Tag; doch es müssen noch viele gute Tage folgen, willst Du ohne Sonde und Katheter die Klinik verlassen.

Ich stelle Dir die leere Dose Wildfutter auf den Beistelltisch Deines Bettes, neben Deinen Buddha; hier soll sie Dich erinnern an all die Freuden, Gaben und Augenblicke des Tages, an die Wildschweine, die gekommen sind, als Du sie „gerufen" hast... sie soll an Dir „rütteln" – auf Deinem Weg zu bleiben, und wenn Du hinfällst, Dir die Kraft geben, wieder aufzustehen.

Sonntag, nach unserem Ausflug... Still fließen wir mit den Augenblicken des gestrigen Tages, lassen sie wirken, ankommen und bleiben. Zwei Stunden sitze ich an Deinem Bett: Ganz still liegt meine Hand in Deiner. Am Nachmittag dann lösen wir die Stille auf – für eine „Hibiskusrunde" um die Klinik, einen „Löffelespresso" am Springbrunnen und eine kurze Andacht in der Kapelle. Wir entzünden zwei Kerzen, denken an Gestern und sind demütig und dankbar.

Ich gehe aus dem Wochenende und weiß: Es wird immer da sein, es wird an mir „rütteln", wenn die Augenblicke in mir verblassen – und mich erinnern: *„jeder Augenblick kann der letzte sein..."*

Die Tage fließen weiter; die Therapien fließen weiter, die Augenblicke und ich mit Dir...

Raus aus der Klink, hinein ins „öffentliche" Leben und so oft wie möglich die „Hibiskusrunde" gehen – so bleibt unser Rhythmus. Und wenn wir nicht draußen sind, sitze ich an Deinem Bett, schweige achtsam mit Dir, oder lese Dir vor, oder wir spielen „Mühle" und trainieren Deinen Kopf. „Das Spiel kommt zu früh: Du wirst Deine Aufmerksamkeit nicht halten können" – so dachte ich. Erneut überraschst Du mich: Du hast den Weg von der „Brücker Hardt" in die Klinik erinnert – und jetzt verliere ich gleich mehrmals. Immer wieder bindest Du mich mit geschickten „Zwickmühlen"; am Ende bin ich ohne Chance. Ja, ich gewinne auch – doch nach einer Stunde hast Du ein Spiel mehr gewonnen als ich. Und wieder frage ich mich: „Wer ist hier versehrt und wer der *Kapitän?*"

Du sitzt im Rollstuhl, sichtbar versehrt. Auch in Deinem Gesicht zeigt sich, wie schwer versehrt Du noch bist: Deine Mimik ist „sperrig" und „stumpf". Du selbst sagst: „Es ist wie eine starre Lederhaut, unter der mein Gesicht liegt." Mund und Lippen können noch nicht klar formen, was Du sagst: Noch zu „verwaschen" ist Deine Stimme. Und wenn es Dich schmerzt, wie versehrt Du jetzt bist, Du trauerst und weinst und die Angst Dich packt – dann zeigt sich auch, wie „gebrochen" Dein Wesen noch ist. Alles darf sein; alles ist Deiner schweren Erkrankung angemessen.

Du selbst hast auf einer „Hibiskusrunde" in einem Gespräch über Deine Versehrtheit gesagt: „Ich habe eine Gehirnblutung erfahren, aber das heißt nicht – ich bin blöd." Doch wer Dich sieht, hört und Dich nicht kennt, kann denken: „Die ist blöd." Sie oder Er sind nicht mit Dir von der „Brücker Hardt" zurück in die Klink gefahren; Sie oder Er haben nicht mit Dir „Mühle" gespielt. Ich bin mit Dir gefahren und habe mit Dir gespielt – und auch ich bin überrascht und habe Dich unterschätzt. Deine Aufmerksamkeit und Gedächtnisleistungen sind eingeschränkt, jedoch nur zeitweise und nicht bei allen Anforderungen. Dein Wesen „fließt aus" und scheint ohne Form, jedoch nur zeitweise: wenn es Dich schmerzt, wie versehrt Du jetzt bist und die Angst Dich packt. Ja, Du bist schwer versehrt. Aber meine Aufgabe ist es, zu sehen, zu hören und achtsam wahrzunehmen – wo Du es nicht bist, wann Du es nicht bist, und zu erkennen, wo Dein „Lebensbruch" *Gabe* und *Gnade* sind oder werden. Ob und wie, das werde ich mit Dir „erleben", jetzt und dann, wenn Du die Klink verlassen hast...

Und wenn wir wieder „Mühle" spielen, werde ich Dich nicht mehr unterschätzen. Vielleicht habe ich dann eine Chance?

„Wer ist versehrt und wer der *Kapitän?*" Ab jetzt ist die Frage da und wird bleiben; vielleicht für einige Jahre. Ganz vorsichtig hast Du Deine Hand ans Ruder gelegt; ab jetzt wirst Du das Schiff mitlenken, da, wo es Dir möglich ist.

Und die Frage: „Wer ist versehrt und wer der *Kapitän?*" ist jetzt da, bleibt aber nicht alleine...

Was heißt „versehrt"...? Und wer ist überhaupt „versehrt"...? Und wer „versehrt" ist – kann doch auch *ganz* sein...? Und wo bin ich es, der „versehrt" ist...? Und wo sind es Dein Weg und „Werden", die mich „werden" lassen?

Ganz vorsichtig stellen sich die Fragen ans Ruder und wollen mitlenken. Würde ich sie von Bord jagen, wäre ich ein schlechter Kapitän.

Auf dem Weg zurück in den „Hafen", werde ich die Antworten finden und später – wenn ich „einlaufe" in mein verändertes Leben.

Dein Schicksal und Weg stellen weiter Fragen an mich. Ich sammle die Fragen und erste Antworten; ich sammle die Augenblicke und lege alles ab in mir. Später dann ordne ich die Fragen und Erkenntnisse, die Ereignisse und Augenblicke; später dann, wenn Du die Klinik verlassen hast, Du zu Hause bist und wieder selbstbestimmt leben kannst. Jetzt tue ich weiter, was zu tun ist... Und jetzt sehe ich weiter, wie Dein versehrter Körper von Tag zu Tag „wacher" wird und die Lähmungen sich leise und langsam zurückziehen: Wie weit, das weiß nur Dein Körper; die Medizin weiß es nicht, der Leitende Oberarzt und die Therapeutinnen wissen es auch nicht.

Du bist im fünften Monat Deiner Rehabilitation; was Dir wieder möglich ist und was Du erreicht hast, bleiben ein *Wunder.* In zwei Jahren wirst Du wissen, wie weit das *Wunder* Dich begleitet hat: Was bis dahin nicht wieder „erwacht" ist, bleibt „stumm" – so die Erfahrung der Experten. Doch die Experten haben sich schon einmal geirrt. Die Blutung an Deinem Stammhirn war so groß, dass Dein Tod wahrscheinlich war oder Du pflegebedürftig bliebest: dass Du warm, satt und sauber im Pflegeheim leben wirst. Du wirst warm, satt und sauber sein, doch *selbstbestimmt:* Du wirst... zu Hause leben, in Deinem eigenen Bett schlafen, selbstständig essen, Dich waschen und pflegen können und selbstständig auf die Toilette gehen. Willst Du all dies erreichen, müssen den fünf Monaten noch viele Wochen folgen, vielleicht drei bis vier Monate, wenn die Versicherung an Deiner Seite bleibt. Und die Versicherung wird bleiben..., und ich werde weiterhin keinen Platz im Pflegeheim für Dich suchen. Ich gebe weiterhin keine Energie in eine Lösung für ein Problem, das es nicht gibt; und wenn die Versicherung wirklich aussteigt, werde ich eine Lösung finden, aber erst dann. Weiter ist Dir ein außergewöhnliches Potenzial gegeben – warum also sollte die Versicherung aussteigen. Der derzeitige „Barthel-Index" bestätigt Dein Potenzial und zeigt Fortschritte, an die keiner geglaubt hat.

Viele Wochen folgen noch, vielleicht drei bis vier Monate: Keiner muss Dich mehr „zähmen", und Dich überzeugen *zu wollen*, weil Du Dich jetzt so sehr selbst *willst* – so versehrt wie Du bist. Kämpfen, wüten, weinen, üben – so war Dein Rhythmus in den Therapien; üben, lachen und manchmal noch weinen – so ist er heute.

Der Umfang der Therapien bleibt so hoch wie zu Beginn der Rehabilitation: Physiotherapie und Ergotherapie jeweils vier- bis fünfmal in der Woche, Sprachtherapie drei- bis viermal; hinzugekommen ist die neuropsychologische Therapie mit zwei Sitzungen in der Woche. Ergänzt werden die Therapien durch Deine täglichen „Fahrstunden" mit dem Rollstuhl und den Übungseinheiten mit dem Fahrradergometer.

Das Ziel und der Weg der Therapien bleiben: besser bewegen... besser essen... besser sprechen... besser denken... in den Rollstuhl, auf die Matte, auf den Ball, in den Barren, auf die Treppe; an den Strohhalm, an den Löffel; an die Laute, an das Wort...

Die nahen Ziele sind jetzt: Entfernen der Magensonde und des Blasenkatheters. Wenn der Katheter gezogen ist, folgt das Toilettentraining für Blase und Darm. Damit die Sonde entfernt werden kann, musst Du sicher und ausreichend essen können. Damit der Katheter gezogen werden kann, musst Du sicher fühlen, dass Deine Blase sich entleeren will. Du musst warten können, bis eine Pflegerin kommt und Dich beim Toilettengang unterstützt. Auch wenn Dein Darm sich entleeren will, musst Du den Impuls fühlen und warten können. Ob Du willentlich, selbstständig und nachhaltig Blase und Darm entleeren kannst, weiß nur Dein

Körper. Keiner wagt hier eine Prognose: Denn keiner kann heute sagen, wie weit Deine Gehirnblutung die Nerven geschädigt hat, die zuverlässig anzeigen, wann sich Blase und Darm entleeren wollen. Eine Blutung am Stammhirn schädigt oder stört meist die Abläufe der Ausscheidungen; meist können die Patienten ihre Ausscheidungen nicht mehr halten. Ich wusste auch um diese „Baustelle", doch ich habe auch hier entschieden: keine Energie einem Problem zu geben, das es nicht gibt, mich erst dann zu sorgen und für Dich zu sorgen, wenn die „Baustelle" bleibt. Ich habe mich nach der Eingangsuntersuchung an den Leitsatz gebunden: „Du wirst *gehend* die Klinik verlassen, Du wirst *sprechen* und *essen*" – und das bedeutet auch: ohne Magensonde, ohne Blasenkatheter, ohne Schutzhose. Der Leitende Oberarzt erwiderte: „Herr Dörper, Sie dürfen träumen..."; diese Aussage hat er bis heute nicht widerrufen. Ich *träume* weiter, und wenn der Weg zeigt, dass ich meinen Leitsatz anpassen muss, werde ich meinen *Traum* verändern, aber erst dann.

Die Ziele bleiben: Du wirst selbstbestimmt zu Hause leben, in Deinem eigenen Bett schlafen, selbstständig essen, Dich waschen und pflegen können und selbstständig auf die Toilette gehen.

Du bist im fünften Monat Deiner Rehabilitation, viele Wochen folgen noch...

Die Therapeutinnen werden weiter geben, was ihnen möglich, damit Du nach Hause kommst. Doch das wird nicht reichen: Es bleibt meine Wegbegleitung, die Dich aufstehen, rollen und *gehen* lässt, die Dich zurückfinden lässt in Dein selbstbestimmtes Leben.

Ich habe mein berufliches Projekt zurückgestellt, mich ganz auf Deinen Weg eingelassen... Und jetzt ist er auch mein Weg. Ich kann nicht reisen und fern von Dir sein. Du wirst weiter einen *Kapitän* brauchen, der das Schiff lenkt. Ja, Du hast Deine Hand sanft ans Ruder gelegt und wirst das Schiff mitlenken – doch das wird nicht reichen. Du wirst weiter meine Hand in Deiner brauchen; weiter mein Wollen und Tun, meine Zuversicht und die Freuden, Gaben und Augenblicke mit mir. Eva, Deine Schwester und Deine Lebensfreundinnen Biddy und Inga sind da, doch nicht nah genug und zu eingebunden in ihr eigenes Leben, um das Ruder zu übernehmen. Also bleibe ich es, der das Schiff in den „Hafen" bringt. Ob und wie ich mein berufliches Projekt wiederaufnehmen kann, ob ich wieder selbstständig tätig werden kann und will – das zeigen die nächsten Monate. Auch hier habe ich entschieden: „keine Energie in ein Problem, das es noch nicht gibt."

Ich bin da, werde da sein und bleiben,

das Schiff weiter lenken,

ein „gutes" Wort finden,

Dich stützen und halten,

mit Dir weinen und lachen,

mit Dir rollen, schweigen, schauen und lauschen,

mit Dir reisen ins öffentliche Leben,

Freuden, Gaben und Augenblicke sammeln,

Liebe geben und Liebe finden,

meine Hand in Deine Hand legen

und dem Wunder weiter die Hand reichen...

und tun, was zu tun ist,

und vertrauen

und loslassen.

„Ich bin da, werde da sein und bleiben": Was Du in den ersten Wochen Deiner Rehabilitation nicht glauben konntest und wolltest, hast Du jetzt angenommen.

Als Dir die Kanüle noch so bedrohlich am Hals saß und Du kein Wort sprechen konntest, hat uns die Schrifttafel geholfen, uns zu verständigen...

Du gabst mir zu verstehen... dass ich die Kraft, Ausdauer und Liebe nicht hätte, Dich zu begleiten; zu weich und verletzlich sei ich, zu schwer sei die Last Deiner Erkrankung für mich.

Du gabst mir zu verstehen... dass ich Dich nicht annehmen könne und wolle – so versehrt wie Du bist und sein wirst... dass Deine Versehrtheit mich hindern werde und mir im Wege stehe.

Du gabst mir zu verstehen... dass Du meiner Freundschaft und Liebe nicht traust; mir nicht traust, wie ich für Dich wirke und handle... Du hattest Angst und glaubtest: Ich bliebe weg, irgendwann... „Gehe und bleibe weg", das hat Dein Finger so verwirrt mir auf die Schrifttafel gesetzt.

Die Gehirnblutung hatte auch Dein Wesen so erschüttert und gelähmt, dass Dir kein Vertrauen mehr möglich war. Die Blutung floss auch ein in Dein Wesen, überschwemmte das Fundament, auf dem Du glaubtest, sicher zu stehen, hatte es aufgeweicht und aufgerissen, sodass kein Stein mehr auf dem anderen blieb.

Ich wurde nicht müde, Dir zu sagen: „Ich bleibe und nehme die Steine und Trümmer, die ich tragen und ordnen kann."

Von Woche zu Woche, von Monat zu Monat hast Du erfahren, dass ich bleibe, dass ich trage und ordne. Und jetzt glaubst Du, dass ich Dich auch weiter begleite, fast – denn geblieben ist ein Rest Deiner Angst. Wenn ich von Krefeld nach Köln fahre, im Stau stehe, mich verspäte und Du nicht weißt, wann ich komme, erwartest Du mich verwirrt, ängstlich und weinend. Hier zeigt sich dann, wie versehrt und „gebrochen" Dein Wesen noch ist. So viel Vertrauen, wie Du dann brauchst, kann ich Dir kaum geben. Ich warte, bis Deine Tränen getrocknet sind und Du fühlen kannst, dass ich da bin. Ich werde nicht müde, Dir dann zu sagen: „Ich bin da, werde da sein und bleiben; Dein Weg ist jetzt auch mein Weg." Und so wird mit jeder Verspätung Deine Angst „leiser". Und weil ich den Rest Deiner Angst nicht nähren will, nenne ich Dir eine Zeit, die so großzügig gewählt ist, dass selbst ein langer Stau mich pünktlich sein lässt. So erwartest Du mich später, und ich treffe Deine Freude und nicht Deine Angst.

Ich komme weiter jeden Mittwoch, jedes Wochenende von Freitag bis Sonntag, an den Feiertagen und zu den Patientenkonferenzen. Und weiter treffe ich Deine Freude und nicht Deine Angst. Und ich sehe, wie Du Dich besser bewegst, besser schluckst; höre, wie Du besser sprichst und erlebe, wie Du besser denkst…

Raus aus der Klinik, rein ins „öffentliche" Leben, die „Hibiskusrunde" gehen, einen „Löffelespresso trinken – so war es bisher. Ab heute ist es anders: Der Espresso, der Dich wieder so genussvoll Dein Leben hat schmecken lassen, heißt jetzt „Tassenespresso". Ich wusste beim ersten Löffel: Bald wird es die Tasse sein, die Du an Deinen Mund führst. Dort, wo Dein Mund gelähmt ist, die Mundhöhle, der Rachen und die Speiseröhre, wird es weiter „heller und wacher". Die Lähmungen ziehen sich weiter leise und langsam zurück. Du kannst besser schlucken und fester Deine Lippen schließen, sodass kaum noch Flüssigkeit aus Deinen Mundwinkeln läuft. Deine rechte Körperseite ist weniger versehrt, und das ist auch so in Deinem Mund und Rachen. In den Therapien neigst Du Deinen Kopf nach rechts und lässt dann die Flüssigkeit abfließen. Und weil Dir dies besser und besser gelingt, gibt es ab heute keinen „Löffelespresso" mehr. Wir rollen zum Italiener um die Ecke: „Due Espressi"; zu mehr reicht mein Italienisch nicht. Doch was ist das für eine *Gabe* – ich bestelle Dir und mir einen Espresso, und diesmal kommt nur der Zucker auf den Löffel. Achtsam neigst Du Deinen Kopf nach rechts, führst die Tasse an Deinen Mund und genießt Deinen ersten „Tassenespresso". Etwas läuft aus Deinem Mundwinkel; ich bin vorbereitet und trockne Deinen Mund mit einer Serviette. Schon bald wirst Du Deine Lippen schließen können, und ich werde keine Serviette mehr brauchen. Und wenn Du Deine Lippen schließen kannst, dann kannst Du auch ausreichend essen, kauen und schlucken, und dann endlich kann die Magensonde entfernt werden. Ich weiß es, und „es" weiß es in mir.

Du bekommst die Zeit. Die Krankenversicherung bleibt an Deiner Seite; der Leitende Oberarzt, die Therapeutinnen und Pflegerinnen sind an Deiner Seite. Alle geben Dir, was ihnen möglich ist. Die Prognose, was Dir noch möglich wird, will immer noch keiner wagen – wie auch. Keiner hat Dich da gesehen, wo Du jetzt bist...

Ich reiche dem *Wunder* weiter die Hand: sammle weiter mit Dir Freuden, Gaben und Augenblicke...

Wir gehen die „Hibiskusrunde", trinken einen „Tassenespresso", spielen „Mühle"...

Wir sind still miteinander, verweilen achtsam im Augenblick – Hand in Hand...

Wir fahren in die „Brücker Hardt": rollen, schweigen, schauen und lauschen, lachen und weinen. Wir füttern die Wildschweine, und wieder „rütteln" sie an Dir und mir und erinnern uns an das *Wunder* des Lebens.

Und so fließen die Tage, vertraut und ruhig. Keine Stürme und Wellen mehr, nur manchmal eine Strömung, die milde den Rhythmus verändert.

Du übst, lachst und weinst; Du rollst weiter in Dein selbstbestimmtes Leben und vertraust darauf, dass bald kein Urinbeutel mehr an Deinem Rollstuhl hängt und bald auch kein Beutel mehr neben Deinem Bett hängt, der Dich künstlich ernährt.

So oft habe ich den Urinbeutel an Deinen Rollstuhl gehängt, so oft ihn vor Blicken geschützt, und wenn wir in die „Brücker Hardt" fuhren, kam er an Dein Bein. Immer habe ich den Urinbeutel nur als zeitweise Lösung angenommen. Nie habe ich gezweifelt, dass wir die „Hibiskusrunde" einmal ohne Beutel gehen werden. Sechs Monate nach dem Beginn Deiner Rehabilitation ist es so weit: Der Blasenkatheter wird gezogen. Ab jetzt wirst Du mit Hilfe einer Pflegerin oder Therapeutin auf die Toilette rollen. Die *Gnade* ist: Du kannst sicher fühlen, wann Deine Blase sich entleeren will; auch wann Dein Darm sich entleeren will, kannst Du fühlen. Die nächsten zwei Wochen werden zeigen, ob Du Deine Ausscheidungen auch halten kannst. Bisher hast Du eine Schutzhose getragen, ab jetzt trägst Du Deine eigene Unterwäsche; die Schutzhose wird ersetzt durch eine große Einlage. Wenn Deine Blase oder Dein Darm sich entleeren wollen, musst Du eine Pflegerin oder Therapeutin rufen und warten können, bis sie mit Dir auf die Toilette rollt. Du musst klingeln, warten, den Transfer vom Bett in den Rollstuhl schaffen, ins Bad rollen, aufstehen, Dich mit Hilfe der Pflegerin oder Therapeutin entkleiden und dann noch den Transfer vom Rollstuhl auf die Toilette schaffen. Was für eine Aufgabe! Sechs Monate hängst Du am Schlauch, und jetzt musst Du willentlich auf die Toilette gehen. Du hast Angst, dass Dein Rufen keiner hört oder dass die Pflegerin nicht rechtzeitig kommt. Du schämst Dich, weil Du nicht weißt, ob Du Deine Ausscheidungen halten kannst. Deine Angst und Scham werden so mächtig, dass wieder entflammt, was schon so „still" war: Dein Kampf, Deine Wut, Deine Tränen...

Ich erinnere mich an die Kanüle, die Dir so bedrohlich am Hals saß, und an Deine Angst zu ersticken, bevor diese entfernt wurde. Und jetzt ist sie weg, und Du atmest und lebst. Ich werde nicht müde, Dir zu sagen: „Wenn Du wieder *selbstbestimmt* zu Hause leben willst, dann ist die Scham die Hürde, die Du nehmen musst, auf dem Weg zurück nach Hause. Und wenn Du in den nächsten Tagen Deine Ausscheidungen nicht halten kannst, sind das ein paar widerständige Steine, die Du auch noch aus dem Weg räumen wirst. So viele Steine und Trümmer hast Du schon abgetragen und geordnet, dann schaffst Du es auch, Deine

Blase und Deinen Darm sicher zu entleeren. Und wenn ich da bin, werde ich Dich ins Bad rollen und Dich beim Toilettengang unterstützen. Noch bevor sich Deine Angst und Wut wieder zu einem lodernden Feuer aufbauen, ziehen sie sich ohnmächtig und annehmend zurück. Du übst, weinst, lachst und schämst Dich; Du findest zurück in Dein Vertrauen.

Ich selbst kann meiner Scham nicht nachgeben, wenn ich Dich auf die Toilette begleite. Noch kannst Du Dich nicht halten und gleichzeitig reinigen, also bin ich es, der Dir dabei hilft. Nie habe ich mir vorstellen können und wollen, diese Grenze zu überschreiten, wohl auch, weil ich mir die Erkrankung nicht vorstellen konnte und wollte, die mich dazu herausfordert. Und jetzt stehe ich neben Dir auf der Toilette mit dem Toilettenpapier in der Hand und reinige Dich. Und jetzt sind es eine *Gnade* und *Gabe*, denn es scheint, dass Deine Gehirnblutung die Abläufe Deiner Ausscheidungen nicht geschädigt hat und auch diese „Baustelle" sich schließen wird. Und wenn Du wieder zu Hause bist und noch nicht alleine auf die Toilette gehen kannst, werde ich es sein, der Dir dann hilft. Warum also nicht jetzt schon üben und meine Grenze verschieben? „Ich gebe keine Energie in ein Problem, das es nicht gibt" – doch es wäre fahrlässig, würde ich meine Augen und Hände verschließen. Nicht immer ist eine Pflegerin oder Therapeutin so verfügbar, wie Du sie brauchst; also schaffe ich ein Problem, wenn ich Dich nicht unterstütze. Habe ich eine Wahl? Ja, ich bin Dir bis hier gefolgt, also begleite ich Dich auf die Toilette und reinige Dich. Also öffne ich meine Grenze und Scham und tue, was zu tun ist, auch wenn es mir „stinkt". Tue ich es nicht, werden Du und ich scheitern. Und dann werde ich mich schämen, weil ich mich Dir verweigert habe.

Zwei Wochen später ist klar: Die Abläufe Deiner Ausscheidungen sind nicht geschädigt. Du wirst schaffen, was keiner geglaubt hat. Du wirst Deine Blase und Deinen Darm sicher entleeren können. Es wird einige Monate dauern. In dieser Zeit schützen und unterstützen Dich die Einlagen. Ja, Du wirst Dich schämen, wenn Deine Einlage verschmutzt, doch was ist das für ein *Wunder:* Du brauchst keine Schutzhosen mehr und irgendwann auch keine Einlagen.

Die Kanüle ist weg, der Blasenkatheter ist weg, und ich bleibe dabei: Auch die Magensonde wird bald entfernt.

Was Du in Deinem Patientenwillen so abgelehnt hast, hat Dir Dein Leben gerettet.

Raus aus der Klinik, rein ins „öffentliche" Leben, ohne Katheter, Urinbeutel und Schutzhose die „Hibiskusrunde" gehen... Wir nähern uns dem „Hafen", der so weit weg war.

Bisher sind wir die „Hibiskusrunde" gegangen, jetzt kann ich sie mit Dir laufen. Ich laufe seit vierzig Jahren: Was für mich immer ein Ziel war, ich aber nicht veröffentlicht habe, ist jetzt möglich. So viele Läufer rollen ihre Kinder und laufen mit ihnen, also kann ich auch mit Dir rollen und laufen. Du bist überrascht und begeistert und lässt Dich ein auf das wagemutige Vergnügen. Am Rollstuhl ist ein Gurt, mit dem ich Dich sichere. Und los rollen wir beide, vorbei am

Hibiskusstrauch und an den Patienten mit ihren Angehörigen. Du vergnügst Dich am Tempo und jubelst ins Publikum: „Vorsicht, Christof kommt." So frei und froh habe ich Dich in der Klinik und auf unseren Runden noch nicht erlebt. Und wieder finden wir eine Freude und Gabe, die Dich weiter rollen lassen in Dein versehrtes, selbstbestimmtes Leben. Und wieder kommen wir dem „Hafen" näher...

Viermal laufen wir die „Hibiskusrunde". Für mich ist sie ein gutes Training meiner Kraft und Ausdauer, für Dich eine gute Übung, Deinen Körper zu fühlen und einfach mal Deinen Geist loszulassen. Ich brauche keinen Applaus, doch es ist kaum möglich, der Freude über uns auszuweichen. Vielleicht erkennen andere Patienten mit ihren Angehörigen, was alles möglich ist, wenn man es wagt, an das Leben zu glauben, *so wie es ist:* versehrt und doch auch *ganz.* Bisher sind wir die „Hibiskusrunde" gegangen; jetzt werden wir sie einmal in der Woche auch laufen. Und wenn uns der Applaus zu sehr bedrängt, fahren wir in die „Merheimer Heide", einen kleinen Park in der Nähe der Klinik und eine Laufstrecke für die Läufer aus dem Stadtteil.

Uns so rolle ich mit Dir, mal gehend, mal laufend, mal die „Hibiskusrunde", mal in der „Merheimer Heide". Und wenn wir nicht draußen sind, verweile ich an Deinem Bett, mal sprechend, mal schweigend, mal spielen wir „Mühle", mal lese ich Dir vor. Und wenn ich verweile an Deinem Bett, lege ich oft meine Hand in Deine, wissend, dass ich Dich bald auch nicht mehr von der Magensonde entkoppeln muss, bevor ich mit Dir gehe oder laufe.

Du kannst immer besser schlucken, immer besser das Wasser, den Tee und die passierte Nahrung aufnehmen, verarbeiten und weiterleiten. Und wenn Du Dich verschluckst und Reste in Deiner Mundhöhle und Deinem Rachen bleiben, kannst Du sie immer besser abhusten. Weich gekochtes Gemüse und Weißbrot ergänzen jetzt die passierte Kost. Um entscheiden zu können, ob die künstliche Ernährung langsam abgelöst werden kann, wird eine letzte Untersuchung durchgeführt: Eine radiologische Videoaufnahme zeichnet den Schluckvorgang auf. Das Ergebnis bestätigt, was in der Therapie schon sichtbar war: Die Kontrolle der Nahrung im Mundraum ist Dir nur eingeschränkt möglich; Reste der Nahrung verbleiben, insbesondere bei fester Kost. Doch mit Hilfe passierter Nahrung gelingt es Dir, die Reste zu lösen und weiterzuleiten. Was dann noch bleibt, kannst Du gut abhusten. Der Leitende Oberarzt und die Therapeutin entscheiden, die künstliche Ernährung langsam abzulösen. Wenn Du dann ausreichend essen und trinken kannst, wird die Magensonde entfernt. Auch diese „Baustelle", scheint sich nun zu schließen: wieder ein *Wunder* an das keiner geglaubt hat. Ich habe nie aufgehört, dem *Wunder* die Hand zu reichen – und wenn Du jetzt auch noch *gehend* die Klinik verlässt, dann wurde Dir alles *gegeben*, was möglich war. Du hast die *Gaben* als solche erkannt, angenommen und verwandelt; Du bist aufgestanden, hingefallen und wieder aufgestanden – bereit, *gehend* die Klinik zu verlassen. Dein Tod oder aber warm, satt und sauber im Pflegeheim, das waren die Aussichten, das war wahrscheinlich. Und jetzt sitze ich neben Dir und erlebe, wie Du Deinen ersten Kartoffelbrei isst...

Löffelespresso, Tassenespresso, Kartoffelbrei... wie bescheiden und doch wie *wundervoll* kannst Du wieder den Genuss des Lebens schmecken. Was für eine *Gnade*!

Und wenn es Dir möglich ist, Kartoffelbrei zu essen, dann kannst Du zum Espresso auch ein Stück Tiramisu essen... Wenige Tage später dann gehe ich mit Dir die „Hibiskusrunde", rolle mit Dir zum Italiener und bestelle den *vollen* Genuss: erlebe, wie Du Deinen Kopf nach rechts neigst, ein Schlückchen Espresso trinkst, das Tiramisu aufnimmst und schmeckst. Ich erlebe, wie Du lächelst und weinst, und erkenne wieder und tiefer, wie wenig es bedarf, das kostbare Leben zu schmecken.

Von Tag zu Tag isst und trinkst Du mehr, kommst der Menge näher, die ausreichend ist, die Magensonde zu entfernen. Erst isst Du in Deinem Zimmer, damit die äußeren Reize Dich nicht ablenken und Du sicher und nachhaltig lernst, wieder zu essen. Jeden Bissen musst Du achtsam aufnehmen, kauen und schlucken – ganz im Jetzt, nichts tun nebenher, nichts anderes denken, nicht sprechen. Das Essen wird zur „Meditation". Ich meditiere mit Dir, sitze still und demütig neben Dir und erlebe weiter, wie Du genussvoll Dein Leben schmeckst. Drei Wochen später dann rollst Du zum Frühstück in den Essraum der Station: Jetzt kannst Du wählen, ob Du gemeinsam mit anderen Patienten essen willst. An den Wochenenden esse ich mit Dir, und weil Du besser und besser essen kannst, bringe ich für das Abendessen ein vollwertiges Stutenbrot mit, dazu den Schafskäse, den Du so liebst und als kleine Nachspeise einen süßen Joghurt...

So viel Monate schon waren es der Beutel und Schlauch, die Dich künstlich ernährten, und jetzt: die Gabel, der Löffel, das Glas. Still und demütig bleibe ich an Deiner Seite, staune, esse und genieße mit Dir diesen kostbaren Augenblick.

Neun Monate nach Deiner Gehirnblutung kannst Du ausreichend und nachhaltig essen und trinken. Keine künstliche Ernährung muss mehr die natürliche Nahrung ergänzen. Eine Gastroskopie, eine radiologische Untersuchung des Magens, bleibt ohne Befund – so heißt es in der Medizin... also: Alles ist gut. Die Magensonde wird entfernt, und der letzte Schlauch ist nun auch weg. Kein Schlauch ist mehr in Dir und an Dir, der Dich im Leben hält; jetzt kannst Du Dein Leben wieder selbst halten. Du kannst sprechen, essen und willentlich Deine Blase und Deinen Darm entleeren. Das *Wunder* hat Dir alles gegeben, was möglich war. Was jetzt noch fehlt: dass Du *gehend* die Klinik verlässt.

Du hast Dich in den letzten Wochen immer besser bewegt. Jetzt stehst und übst Du nicht mehr im Barren, es sind nicht mehr die Holme, die Dich halten. Du *gehst* jetzt an den Armen der Therapeutinnen Deine Meter, vor und zurück und die Treppen auf und ab. Du kannst Dich am Handlauf entlang der Wand fortbewegen: Deine rechte aktive Hand greift den Handlauf, links wirst Du unterstützt durch eine Therapeutin. Dein Gang ist ungeordnet, die Koordination ist sehr eingeschränkt: Dein Becken kippt auf der versehrten linken Seite weg, Dein linkes Bein hat Mühe zu folgen, Dein linker Fuß fällt auf den Boden. Du kannst Dein Gleichgewicht kaum halten, mal wackelst Du nach links, mal nach rechts. Doch was ist das für ein Fortschritt: In den ersten Wochen Deiner Rehabilitation konntest Du nur liegen, später dann hat der Barren Dich unterstützt, erste Schritte zu gehen. Jetzt stehst und *gehst* Du am Arm einer Therapeutin, zwar sehr eingeschränkt und wenige Meter – doch Du *gehst*.

Nach der Aufnahmeuntersuchung habe ich dem Leitenden Oberarzt gesagt: „Du wirst *gehend* die Klinik verlassen." Ich frage mich: Ist das, was Dir jetzt möglich ist – *gehend*? Und was habe ich wirklich gemeint? Ohne Rollstuhl? Ohne Rollator? Frei, ohne Stock und jegliche Stütze? Jetzt, wo ich Dich am Arm der Therapeutin sehe, erkenne ich die Antwort... Senkrecht und nicht waagegerecht solltest Du die Klinik verlassen; nicht im Pflegerollstuhl, der einem Sitzbett gleicht. Du solltest *gehend* die Türschwelle überschreiten: Wenn es der Rollator ist, der Dich dann unterstützt oder mein Arm, dann hast Du *gehend* die Klinik verlassen, auch wenn der Rollstuhl den Rollator ergänzen muss und Du in Deinem Alltag oft rollen wirst...

Ja, Du *gehst*, zwar versehrt, ungeordnet und oft nicht im Gleichgewicht – doch Du setzt einen Fuß vor den anderen, und unterstützt *gehst* Du fast zwanzig Meter. Und keiner weiß, wie viele Meter Dir noch möglich sind...

Oder dehne ich das, was ist oder sein kann, so weit, um nicht doch der „Träumer" zu sein, den der Leitende Oberarzt in mir gesehen hat? Nein! Ich bin mit meinem „Traum", dass Du *gehend* die Klinik verlässt, sehr nah an dem, was ist. Wer mehr erwartet hat, der ist wahrlich ein „Träumer". Deine Stammhirnblutung war so schwerwiegend, dass nicht ein Meter wahrscheinlich war. Vielleicht waren es mein „Traum" und meine Zuversicht, die Dir geholfen haben, zwanzig Meter *gehen* zu können?

Jetzt, wo Du am Arm der Therapeutin einen Fuß vor den anderen setzt, Meter um Meter *gehst,* sind da alle Ziele erreicht?

Sehr nah bist Du dem sicheren „Hafen" – doch zu Hause bist Du noch nicht, und wenn Du zu Hause bist, dann wirst Du in Deiner Wohnung noch nicht selbstständig leben können.

Welche Zeit ist Dir in der Klinik noch gegeben, um selbstständiger zu werden? Und wer gibt Dir die Zeit und wer begrenzt sie? Und wenn Du zu Hause noch nicht selbstständig leben kannst, was ist dann? Diese Fragen haben sich leise in den letzten Wochen neben Dich und mich gestellt und werden jetzt lauter und wollen beantwortet werden; jetzt, wo die großen „Baustellen" geschlossen sind.

Der achte Monat Deiner Rehabilitation beginnt. Vielleicht noch vier bis sechs Wochen sind Dir gegeben – so schätzt der Leitende Oberarzt, dann wird die Krankenversicherung aussteigen. Du hast in der Klinik alles erreicht, was Dir möglich war – so wird die Versicherung denken, so zeigt es der Barthel-Index. Was Du jetzt noch erreichen musst, damit Du *selbstständig* in Deiner Wohnung leben kannst, das können eine ambulante Rehabilitation und anschließende Therapien leisten. Somit entfallen für die Versicherung die Kosten der Pflege und Unterbringung.

Du selbst möchtest Weihnachten zu Hause sein, und das ist in vier Wochen. Länger wirst Du nicht bleiben wollen – jetzt, wo die großen „Baustellen" geschlossen sind. Immer weiter hast Du in den letzten Wochen Deine Grenzen verschoben, um das zu erreichen, was Dir heute möglich ist; zu mehr wirst Du Dich in der Klink nicht motivieren können. Ich fühle mich „gespalten" und gefordert. Ich sehe Deine Grenzen und erkenne: Weiter lassen sie sich nicht verschieben; doch ich sehe auch: Du kannst in Deiner Wohnung noch nicht *selbstständig* leben.

Ich habe mich in den letzten Monaten entschieden, keine Energie für ein Problem aufzuwenden, das es nicht gibt. Jetzt bin ich gefordert, Energie in eine Aufgabe zu geben, die sich ergibt...

Ich habe mich entschieden zu bleiben, also habe ich den Weg und die Schritte gewählt, die jetzt kommen. Was Dir möglich ist, bleibt ein *Wunder*... doch Du kommst noch nicht sicher vom Bett in den Rollstuhl und zurück..., noch kannst Du Dich nicht vollständig waschen und ankleiden..., noch kannst Du nicht alleine auf die Toilette gehen und Dich anschließend selbst reinigen..., Du kannst essen, das Essen zubereiten kannst Du nicht.

Es bleiben Dir noch vier Wochen, doch die Zeit wird nicht reichen...

Ich entscheide, was sich in den letzten Wochen zu formen begann: Mein berufliches Projekt ruht weiter. Wann, ob oder wie ich die Koffer wieder einpacke, wird mir der Weg zeigen. Seit acht Monaten bin ich an Deiner Seite und folge Deinem Weg... Getreu meiner Philosophie: „Schritte werden Weg...", folge ich Dir weiter und weiß – mit jedem

Schritt folge ich auch mir. Ich habe entschieden, das Schiff zu lenken, Dich sicher in den „Hafen" zu bringen, und sicher heißt, Dich so weit zu begleiten, dass Du *selbstbestimmt* und *selbstständig* in Deiner Wohnung leben kannst. Und wenn ich dabei mein Projekt verliere und ich nicht mehr selbstständig arbeiten kann oder werde – so habe ich doch das Leben gewonnen, *so wie es ist* und nicht wie es sein soll. Und vielleicht habe ich dann am Ende des Weges mich selbst erkannt und „gefunden".

Also bleibe ich, tue weiter, was zu tun ist, und vertraue auf den Weg...

Der Leitende Oberarzt beantragt bei der Krankenversicherung ein letztes Mal die Verlängerung der Rehabilitation um weitere drei Wochen. Die Versicherung stimmt zu. Am 13. Dezember kommst Du nach Hause, läufst ein in den „Hafen", der so unerreichbar schien.

Vier Wochen sind Dir noch gegeben, Dich besser zu bewegen, besser zu sprechen, besser zu essen, besser zu denken...

Vier Wochen bleiben mir, Deine Wohnung so vorzubereiten, sodass Du in ihr leben kannst, so versehrt wie Du bist. Und vier Wochen bleiben mir, den Weg vorzubereiten, der folgt, wenn Du zu Hause bist...

Wie ist der weitere Weg Deiner Rehabilitation? Wer sind die Therapeutinnen, die Dich später behandeln? Und wie werden die Therapien durchgeführt? Welche Kosten werden von der Krankenversicherung übernommen und wie lange?

Wer übernimmt die fachärztliche Behandlung? Wer wird Dein Neurologe? Wer behandelt Dich neuropsychologisch?

Wie und wann begutachtet Dich der Medizinische Dienst? Welche Pflegestufe wirst Du erhalten?

Wenn die Pflegestufe festgestellt ist, wer übernimmt dann die ergänzende Pflege? Und wie wird die Pflege durchgeführt?

Zehn Tage brauche ich, dann ist alles vorbereitet und geklärt...

Der Notruf ist eingerichtet, Dein Bett ist erhöht, die Haltegriffe im Badezimmer sind angebracht, der Duschhocker steht an seinem Platz, die Teppiche sind eingerollt, die Handläufe im Eingang des Hauses sind montiert... Und weil mein handwerkliches Können sehr überschaubar ist, hat Dein Vermieter vermessen, gesägt, geleimt, gebohrt und gedübelt.

Der Leitende Oberarzt empfiehlt für Deine weitere Rehabilitation ein Therapiezentrum für neurologische Erkrankungen in Krefeld: acht Wochen, jeweils fünf Tage, jeweils vier Stunden, alle Therapien wie bisher – so ist die Struktur. Du stimmst zu. Die Krankenversicherung stimmt zu; alle Kosten werden übernommen, auch die Krankenfahrten. Eine Woche nach Deiner Ankunft zu Hause beginnt die ambulante Rehabilitation.

Danach werden Physiotherapie, Ergotherapie und Sprach-therapie bis auf weiteres von der Krankenversicherung übernommen. Nach einem Jahr prüft dann der medizini-sche Dienst den weiteren Bedarf; sehr wahrscheinlich wer-den alle Therapien weiter bewilligt. Also ist es Dir weiter gegeben: Dich besser zu bewegen, besser zu sprechen, bes-ser zu essen, besser zu denken.

Wer Dein Facharzt wird und wer Deine Therapeutinnen, das klären Du und ich später; vielleicht ergibt sich in der weiteren Rehabilitation eine Lösung.

Einen Tag nach Deiner Ankunft zu Hause kommt die Gut-achterin des Medizinischen Dienstes, um die Pflegestufe festzustellen. Wenige Tage später dann kommt der Ge-schäftsführer des Pflegedienstes, den ich ausgewählt habe.

Alles ist vorbereitet: Wir können also einlaufen in den „Ha-fen", der so unerreichbar schien...

Drei Wochen, dann bist Du zu Hause. Keiner hat das ge-glaubt. Du hattest kaum eine Chance: Dein Tod oder schwer pflegebedürftig, das war wahrscheinlich.

Was ist geschehen...?

Ich habe dem *Wunder* die Hand gereicht. Ich habe an die winzige Chance geglaubt, die Dir gegeben war. Ich habe gewagt zu „träumen" – dass Du *gehend* die Klinik verlässt. Ich war da und bin geblieben. Ich wurde nicht müde, Dir meine Hand zu reichen und Dich an meine unerschütterliche Zuversicht zu binden. So oft wollte ich aussteigen, so oft wurden mir Kraft und Demut gegeben, Mut und Sinn, Gnade und Liebe.

Du hast gekämpft, gewütet, geweint, geübt. Du hast Dich verweigert, bist hingefallen und doch wieder aufgestanden. Du hast Dich nicht aufgegeben, und später dann hast Du Dich angenommen und gewollt – so versehrt wie Du bist. Du hast Dein Potenzial erkannt und dann hast Du gekämpft, gelacht, geübt.

Ich bin mit Dir gerollt ins „öffentliche" Leben, habe mit Dir Freuden, Gaben und Augenblicke gesucht und gefunden. Du hast die kleinen Augenblicke so groß werden lassen, und Du und ich haben erfahren, *wofür* es sich zu leben lohnt.

Wir haben gekämpft, gewütet, geweint, gelacht und immer wieder ein „gutes" Wort gefunden.

Du und ich haben gegeben, was uns möglich war. Doch ohne die Klinik und ohne die Krankenversicherung hätte das *Wunder* nicht geschehen können...

Du warst in einer Klinik, die zu den „Besten" gehört; ihr guter Ruf hat sich bestätigt. Keiner hat am Anfang geglaubt, dass Du *gehend* die Klinik verlassen kannst; doch alle haben gegeben, was ihnen möglich war. Die Klinik ist Deinem außergewöhnlichen Potenzial gefolgt. Die Ärzte, Therapeutinnen und Pflegerinnen haben Dich „gezähmt", gehalten und geführt; sie waren an Deiner Seite: kompetent, mitfühlend und verbindlich und immer da, wenn Du sie brauchtest.

Die Krankenversicherung ist Deinem Potenzial gefolgt und blieb an Deiner Seite, so lange, wie es ihr möglich war.

Was hat nun was bewirkt? Was hast Du gegeben? Was ich? Was die Klinik? Was die Versicherung? Was das *Wunder?*

Alles ist mit allem verbunden. Alle haben *gegeben*, was möglich war, und hätte eine *Gabe* gefehlt: So hättest Du nicht *gehend* die Klinik verlassen können; Du hättest keine Chance gehabt, *selbstbestimmt* und *selbstständig* zu Hause zu leben. Also: Du, ich, die Klinik, die Versicherung, das *Wunder* sind eins – und nur im „Einssein" vollzog sich die *Gnade...*

Drei Wochen, dann bist Du zu Hause... Jetzt erst, im Abschied von der Klinik, zeigen sich Fragen und Sorgen, die bisher verdeckt waren; jetzt, wo alles für Deine Ankunft vorbereitet ist.

Bisher war die Klinik Dein sicheres „Zuhause". Rund um die Uhr waren die Pflegerinnen und Ärzte da, wenn Du sie brauchtest, und am Tage auch die Therapeutinnen.

Du hast Deine Wohnung gesund verlassen und kommst in sie schwer versehrt zurück. Nichts wird so sein, wie es vorher war. Du weißt, dass Deine Wohnung Dir fremd sein wird: Du wirst Dich in ihr anders bewegen; Du wirst in ihr anders fühlen, denken und handeln als bisher. Bei jedem Weg und jeder Tat wirst Du Dir Dein „Zuhause" neu „erobern" müssen.

Die Gehirnblutung hat Dich tief erschüttert und verunsichert. Wie weit wird es Dir überhaupt möglich sein, Dich wieder zu verorten, wieder Vertrauen und Sicherheit zu finden?

In der Klinik sind die Patienten alle versehrt. In Krefeld und im Umfeld Deiner Wohnung können alle gehen. Wenn wir ins „öffentliche" Leben rollen, sind es die Gehenden und nicht die „Gelähmten", die das Ortsbild prägen. In der Klinik bist Du die „Königin". Wie wirst Du Dich draußen fühlen, unter all den „Gesunden"? Deine Lähmungen werden gesehen, die verdeckten Erkrankungen und Begrenzungen der „scheinbar Gesunden" nicht. Also bist Du es, auf die mitleidig geschaut wird, vielleicht manchmal auch mitfühlend...

All das wird sein, wenn Du zu Hause bist.

Ja, wir sind auch aus der Klinik gerollt – hinein ins „öffentliche" Leben. Doch wir haben uns meist bewegt im Umfeld der Klinik. Hier sind es die „Gelähmten" mit ihren Angehörigen, die das Ortsbild prägen. Auch im italienischen Eiscafé um die Ecke trafen wir oft Patienten mit ihren Familien. Und wenn wir in die „Brücker Hardt" fuhren, sahen wir nur wenige Menschen. Und wenn wir zurückkamen aus der „Öffentlichkeit", war die Klinik der sichere „Anker"; sie war das: nah, vertraut und schützend.

Du bist vor neun Monaten aus Deiner Wohnung „ausgezogen", jetzt kehrst Du schwer versehrt zurück. Doch was ist das für eine *Gnade:* Die Koffer schienen auf immer gepackt, und jetzt darfst Du sie wieder auspacken...

Du wirst in Deiner Wohnung wieder *selbstbestimmt* und *selbstständig* leben können. Doch nur, wenn es Dir gelingt,

Dich mit Deinem „Lebensbruch" zu versöhnen, Du an-nimmst, was Du nicht mehr kannst, und siehst, was Dir gegeben ist, dann wirst Du in Deiner Wohnung auch wieder zu Hause sein.

Und ich werde da sein und so lange bleiben, wie Du mich brauchst. Und wenn ich dann zurückkehre in meine Wohnung, bist Du angekommen in Deinem „neuen Zuhause".

Die letzten Tage Deiner Rehabilitation „fließen" ruhig und beständig im Rhythmus der letzten Wochen...: drei bis vier Therapien am Tag, tägliche „Fahrstunden" mit dem Rollstuhl...; mit mir die „Hibiskusrunde" rollen, mal gehend, mal laufend, vorbei am Hibiskusstrauch, der jetzt keine Blüten mehr trägt, wo jetzt keine Bienen mehr um den Nektar streiten..., die letzten Espressi trinken, das letzte Tiramisu essen...

Ich begleite Dich ein letztes Mal in den Therapien..., staune, bin demütig und dankbar.

Du wirst *gehend* die Klinik verlassen. Und weil ich mit Dir erfahren will, was ich sehe, nehme ich Dich an meinen Arm, führe Dich an den Rollator, lege sanft meine Hand in Deinen Rücken und *gehe* mit Dir. Ungeordnet setzt Du einen Fuß vor den anderen: Dein Becken kippt auf der versehrten linken Seite weg, Dein linkes Bein kann nur mühevoll folgen, Dein linker Fuß fällt auf den Boden, oft kannst Du Dein Gleichgewicht nicht halten. So *gehen* wir fünfzig Meter mit einer kurzen Pause... und, wenn Du Dich kaum halten kannst und drohst zu fallen, dann ist es mein Arm, der Dich führt und stützt.

Wenn Du zu Hause bist, beginnt eine Woche später Deine ambulante Therapie: Vielleicht kannst Du dann bald mehr Meter *gehen*. Bleiben es fünfzig Meter und Dein Rumpf und Becken werden noch etwas stabiler, dann wird das reichen, damit Du *selbstständig* in Deiner Wohnung leben kannst – auch dann, wenn der Rollstuhl den Rollator ergänzen muss.

Ich *gehe* mit Dir und bin so demütig und dankbar, dass ich gewagt habe, zu „träumen" und dem *Wunder* die Hand zu reichen...

Ich habe gewagt, das Schiff zu führen ohne Kapitänspatent: es zu lenken durch die Stürme und Wellen, um Dich sicher in den „Hafen" zu bringen.

Ich habe gewagt, der Pianist zu sein, der ein Konzert gibt, während er noch lernt, das Klavier zu spielen.

Ich habe gewagt, was unmöglich schien.

Und Du hast geschafft, was unerreichbar schien.

Die letzten Tage Deiner Rehabilitation „fließen" ruhig und beständig weiter...

Wir verweilen im Augenblick und erwarten Deine Abreise zurück nach Hause. Wenn Du keine Therapie hast, rollen wir um die Klinik, sind auf der Station und spielen noch einmal Mühle oder mit Karten. Wenn wir in Deinem Zimmer sind, sitze ich an Deinem Bett, lege meine Hand in Deine und schweige achtsam mit Dir, wie so oft zuvor. Wir schauen in unseren Weg, und in jedem Blick zurück formen sich unser Abschied, unser Dank und unsere Demut...

Du warst in einer Klinik, die zu den „Besten" gehört. Alle haben hier gegeben, was ihnen möglich war. Du willst Dich bei all denen bedanken, die Dich begleitet, „gezähmt", gehalten und geführt haben, die Deinem Weg gefolgt sind und mitgeholfen haben dem *Wunder* die Hand zu reichen...

Du willst alle gemeinsam würdigen mit einem großen Strauß weißer Amaryllis: fünfzig sollen es sein. Den Ärzten, Therapeutinnen und Pflegerinnen möchtest Du eine Karte schenken: Der Name und „Danke" sollen auf der Karte stehen. Du selbst willst die Karten schreiben mit Deiner rechten Hand: Du bist Linkshänderin und links versehrt – *was für eine Geste.*

Die Amaryllis bestellen wir in einem Blumengeschäft nahe der „Merheimer Heide". Die Karte bestelle ich bei „Naturnah" in Krefeld, einem Geschäft für Naturmode und Kunstgewerbe, wo Du Stammkundin warst. Aus den möglichen Motiven wählst Du einen Schmetterling. „Die Karte passt, ein Sinnbild für meinen Weg", weiter erklärst Du Dich nicht; mehr will ich Dir auch nicht entlocken. Ich fühle und denke, was Dich bewegt... „Dein Weg wie eine Raupe, die zum Schmetterling wird, scheinbar gelähmt, von außen nicht sichtbar, was innen wird – so bist Du langsam erwacht; ein „Flügel" bleibt lahm: links ist Dein Körper versehrt; „fliegen" kannst Du damit nicht. Doch Deine Gehirnblutung war so groß und lag so ungünstig, dass jeder Schritt und Meter, den Du heute gehst – vielleicht wie „fliegen" ist? Oder vielleicht zeigt Dir die Raupe, die zum Schmetterling wird, auch, wie Du Dich innen in Deinem Wesen verwandelst"?

Wie es auch sei: Mich berührt Deine Geste, wie Du „Danke" sagst; mich berührt, wie Du mit Deinem „Flügel schlägst" – so verletzt und lahm er ist.

Und als Du dann am großen Esstisch der Station die Karten schreibst, berührt mich, wie Du vorsichtig und ungeordnet die Buchstaben setzt – ähnlich den Schritten, wenn Du gehst. Doch Du schreibst und kannst verfügen über Buchstaben und Worte. Und auch das ist eine *Gnade* – ähnlich den Schritten, die Du setzt.

Achtundzwanzig Karten schreibst Du: für jeden Arzt eine, für jede Therapeutin und jede Pflegerin.

Achtundzwanzig mal sagst Du „Danke": so schlicht und einfach, so verbindlich, ehrlich und würdevoll.

So würdevoll wie Deine Geste ist, so liebevoll sind die Antworten: Tränen und Worte fließen, und mit jeder Träne und jedem Wort fließen Demut und Dankbarkeit zu Dir, wirst Du umarmt, gewürdigt und geachtet...

Du hast gekämpft, gewütet, geweint, geübt, und später dann hast Du gekämpft, gelacht, geübt. Und jetzt verlässt Du *gehend* die Klinik: Zwar sind Deine Schritte ungeordnet, und nur mühevoll kannst Du Dein Gleichgewicht halten – doch Du *gehst*. Keiner hat das geglaubt. Alle haben weniger erwartet.

Einen Tag vor Deiner Abreise hast Du alle Karten überreicht: Achtundzwanzigmal hast Du Dich bedankt. Achtundzwanzigmal Dich verabschiedet. Du hast wenig gesprochen und viel geweint. Still war Deine Geste und seelenvoll. Kein Wort zu viel. Keine Träne zu wenig...

Nachmittags fahren wir in die „Merheimer Heide" und holen die bestellten Amaryllis... Der Strauß ist so schön, mächtig und würdig und dem *Wunder* so angemessen. Ich lege ihn in Deinen Schoß; Du umschließt ihn mit Deinem gesunden rechten Arm, und wir rollen zum Wagen. Nie werde ich diesen Augenblick vergessen, diese Freude und Gabe.

Wir überreichen den Strauß in einem Zinkeimer: Keine Vase der Klinik hat Platz für fünfzig Amaryllis. Dazu legst Du Deine Karte: „Danke", und Dein Name steht auf der Karte – mehr steht auf der Karte nicht... Kein Wort zu viel und keins zu wenig.

Still, fast andächtig beenden wir den Tag... Ein letztes Mal rollen wir die „Hibiskusrunde"... Ein letztes Mal trinken wir einen Espresso beim Italiener um die Ecke... Ein letztes Mal rollen wir in die Kapelle und entzünden eine Kerze... Ein letztes Mal setze ich mich an Dein Bett und lege meine Hand in Deine... Ein letztes Mal decke ich Dich zu, gebe Dir einen Kuss auf Deine Wange und sage Dir: „Schlafe gut, bis Morgen..."

Ein letztes Mal übernachte ich in Ankes Wohnung, die mir so sehr Heimat und Zuhause wurde.

13. Dezember... Ein letztes Mal fahre ich zur Klinik...

Was für ein Augenblick. Was für eine Freude. Was für eine Gabe. Was für eine Gnade...

Es ist acht Uhr... Ein letztes Mal betrete ich Dein Zimmer, gebe Dir einen Kuss auf Deine Wange und frage Dich: „Hast Du gut geschlafen?" Du hast gut geschlafen. Scheinbar gelassen erwartest Du mich. Ich zweifle: Vor zehn Monaten hast Du Deine Wohnung gesund verlassen und heute kommst Du schwer versehrt in sie zurück. Wie kannst Du da gut geschlafen haben und gelassen sein? Ich bin nicht gelassen. Angespannt und achtsam erwarte ich das, was kommt. Ich frage mich: Was wird?

Du bist bereits angekleidet. Ich räume Deinen Schrank, packe Deine Kleidung in die Taschen und erinnere die Tage, wo das Totenhemd wahrscheinlich war und später dann das Pflegehemd. Die Waschtasche hast Du selbst gepackt. Was jetzt noch fehlt – der Buddha, der immer da war neben Deinem Bett, immer an Deiner Seite stand und Dir Schutz und „Anker" war. Und was noch fehlt – die Dose Wildfutter, die den Wildschweinen, Dir und mir, so viel Freude und Gabe war, die Dich unterstützt hat – weiter zu kämpfen, weiter zu lachen, weiter zu üben.

Alles ist gepackt. Ich ziehe Dir Deinen Mantel an. Wir rollen zum Empfang der Station. Hier stehen die Amaryllis, daneben liegt Deine Karte. Alle, die heute Morgen da sind, stehen am Empfang und verabschieden uns. Alles wurde in den letzten Tagen gesagt, alles gegeben.

Der Leitende Oberarzt begleitet uns zum Aufzug. Er reicht uns die Hand; Tränen sind in seinen Augen. Er verabschiedet uns mit den Worten: „Frau Jans, Sie haben geschafft, was keiner geglaubt hat. Sie verlassen *gehend* die Klink. Herr Dörper, Ihr „Traum" ist wahr geworden."

Ich weine. Ich verneige mich dankbar und demütig vor einem Arzt, der Teil des *Wunders* war. Mit ihm war es mir möglich zu bleiben, war es mir möglich zu tun, was zu tun ist, zu vertrauen und loszulassen...

Ich hole den Wagen, parke ihn in der Zufahrt der Klinik, hole die Taschen und dann Dich.

Wir rollen zum Ausgang. Ich nehme Dich an meinen Arm und führe Dich über die Türschwelle zum Wagen.

Ich lege den Rollstuhl in den Kofferraum, schnalle Dich an und streiche Dir sanft mit meiner Hand über Deine Wange...

„Du hast gehend die Klinik verlassen... Wir fahren nach Hause, zurück in den sicheren „Hafen", hin in Dein selbstbestimmtes, versehrtes Leben".

Kaum ein Wort, manchmal ein zarter Blick, eine sanfte Berührung, eine dankbare Träne – so fahren wir siebzig Kilometer hinein in Dein „neues Zuhause"...

Zuhause

Ankunft „zu Hause"... Ich hole den Rollstuhl aus dem Kofferraum, stelle ihn neben Deinen Sitz, helfe Dir auszusteigen und rolle Dich zur Haustüre. Ein paar Meter, vier Treppenstufen, Deine rechte Hand am Handlauf, meine Hand fest unter Deiner Armbeuge – so *gehen* wir in Dein „neues Zuhause". Ich öffne die Wohnungstüre; wir überschreiten *gehend* die Türschwelle. Wenig später sitzt Du am großen Tisch in Deiner Wohnküche. Du bist zurück im sicheren „Hafen": Hierhin wollte ich Dich bringen; hier bist Du nun... Scheinbar ruhig und gelassen erblickst Du Deine Wohnung, doch in Deinen Augen glaube ich zu sehen, dass es noch lange dauern wird, vielleicht Jahre, bis Du in Dir wieder angekommen und zu Hause bist, und erst dann wirst Du auch in Deiner Wohnung wieder zu Hause sein. Vertraut und fremd ist der Augenblick. Vertraut und fremd fühle ich mich mit Dir. Es bleibt keine Zeit, diesen so ergreifenden und doch auch verstörenden Augenblick zu verstehen. Dein Vermieter steht in der Türe; in seiner Hand hält er ein Tablett mit selbst gebackenem Kuchen und frisch gemachtem Kaffee. „Herzlich willkommen Frau Jans, ich bin so froh, dass Sie wieder da sind." Ich hole den Rollstuhl, der noch an der Haustüre steht... Wir sprechen, essen und trinken, lachen und weinen. Jeder Augenblick ist so genussvoll, so seelenvoll, so herzlich und warm. Gibt es einen besseren Start in Dein versehrtes *selbstbestimmtes* Leben? Wohl nicht. So kannst Du ankommen in Dir und Deinem „neuen Zuhause"...

Nach einer Stunde verabschiedet sich Dein Vermieter. Du rollst vom Küchentisch weg, begleitest ihn zur Türe, rollst dann in Deine Wohnung hinein und erblickst weiter, was jetzt ist...

Du hast Deine Wohnung gesund verlassen und kommst schwer versehrt in sie zurück. Nichts ist mehr, wie es vorher war, und nichts wird mehr so sein, wie es war... Die Teppiche sind und bleiben eingerollt... Die Möbel sind und bleiben umgestellt... Das Bett ist und bleibt erhöht... Die Handgriffe im Bad und die Handläufe im Eingang des Hauses sind und bleiben montiert. Du wirst Dich in Deiner Wohnung anders bewegen; Du wirst in ihr anders fühlen, denken und handeln als bisher. Bei jedem Weg und jeder Tat wirst Du Dir Dein „Zuhause" neu „erobern" müssen.

Die Gehirnblutung hat Dich tief erschüttert und verunsichert. Ich frage mich: „Wie weit wird es Dir überhaupt möglich sein, Dich wieder zu verorten, wieder Vertrauen und Sicherheit zu finden?"

Ich lasse Dich Deine Wohnung erkunden und erkennen. Ich lasse Dich ankommen und verweilen und hole die Taschen aus dem Wagen...

Es bleibt ein *Wunder*, dass ich Deine Taschen wieder auspacken kann und alles an die alten Orte zurückkehrt. Es bleibt ein *Wunder*, dass der Buddha nun wieder im Gartenzimmer steht und Dich hier wieder begleiten und schützen kann. Neben den Buddha lege ich die Dose Wildfutter, die Dir und mir so *wundervoll* Freude und Gabe war: Sie soll Dich erinnern, Dir „Anker" sein und an Dir „rütteln", weiterzurollen und weiterzu*gehen*, bis Du wieder *selbstständig* zu Hause leben kannst.

Die Taschen sind ausgepackt, alles ist wieder an seinem Platz. Die Matratze im Gartenzimmer ist bezogen, sodass ich bei Dir bleiben kann. Den Kühlschrank habe ich gestern gefüllt; die Wohnung ist gereinigt. Alles ist vorbereitet...

Was Dir möglich ist, bleibt ein *Wunder*... doch Du kommst noch nicht sicher vom Bett in den Rollstuhl und zurück..., noch kannst Du Dich nicht vollständig waschen und ankleiden..., noch kannst Du nicht alleine auf die Toilette gehen und Dich anschließend selbst reinigen..., Du kannst essen, das Essen zubereiten kannst Du nicht.

Ich habe entschieden zu bleiben, also habe ich auch die Schritte gewählt, die jetzt kommen...

In der Klinik habe ich mich an den Leitsatz gebunden: „Du wirst *gehend* die Klinik verlassen." Jetzt gilt: „Du wirst *selbstständig* zu Hause leben." Bis dahin tue ich weiter, was zu tun ist, und vertraue auf den Weg.

„Alltag als Übung" – so habe ich das Therapieprogramm in der Klinik genannt. *„Alltag als Übung"* – so benenne ich jetzt auch den gemeinsamen Weg mit Dir: in den täglichen Aufgaben, im täglichen Tun ankommen und verorten, Vertrauen und Sicherheit finden, Heimat und Nähe; im Rhythmus des Alltages üben und lernen...

Im Aufstehen am Morgen ereignet sich das weitere *Wunder*... Wenn Du Dich wäschst und ankleidest und ich Dir dabei helfe, ereignet sich das weitere *Wunder*..., wenn ich das Frühstück mache und wir miteinander essen..., wenn Du dann ruhst und verweilst..., wenn Du dann mit den Therapeutinnen übst, Dich besser zu bewegen, besser zu sprechen, besser zu essen, besser zu denken..., wenn Du dann wieder ruhst und einfach bist – *wer* und *wie* Du *jetzt bist*.

Das *Wunder* ereignet sich weiter... wenn ich Dich auf die Toilette begleite und Dir dabei helfe, Dich zu reinigen..., wenn ich am Abend koche und wir dann wieder miteinander essen..., wenn Du Dich auskleidest, Dich ins Bett legst und ich Dir dabei helfe..., wenn Du mich in der Nacht weckst und ich Dich auf die Toilette begleite..., wenn Du dann morgens wieder aufstehst und den neuen Tag beginnst.

Wenn wir sprechen, ereignet sich das weitere *Wunder*..., wenn wir sind miteinander..., wenn wir rollen ins Café, an den Rheindamm und in die Rheinauen..., wenn wir weiter Freuden, Gaben und Augenblicke finden.

Wenn wir den Alltag üben und finden, ereignet sich das weitere *Wunder*..., wenn wir kämpfen, streiten und weinen..., wenn wir dann wieder ein „gutes" Wort finden..., wenn wir hinfallen und wieder aufstehen..., wenn wir lachen, dankbar und demütig sind, weil Du *gehend* die Klinik verlassen hast, Du jetzt zu Hause bist und es einen Alltag gibt.

Das weitere *Wunder* ereignet sich in meiner unerschütterlichen Zuversicht, dass Du wieder *selbstständig* zu Hause leben wirst, und es ereignet sich in Deinem unerschütterlichen Willen, Dich zu wollen und anzunehmen – so *wie* Du *jetzt bist.*

Und das *Wunder* und der Alltag jetzt ist das Abendessen...

Der Kühlschrank ist gut gefüllt. Heute Abend kann ich aus der Fülle schöpfen. Ich koche Reis, dazu gare ich verschiedene Gemüse, wende sie in Olivenöl, gebe frische Kräuter dazu und führe alles zusammen zu einer genussvollen Reisgemüsepfanne.

Die Lähmungen in Deinem Mund und Rachen hindern Dich daran, dass Du festere Nahrung ausreichend verarbeiten und schlucken kannst. Also passiere ich Dein Essen leicht mit einem Rührstab so weich, dass Du den körnigen Reis und das bissfeste Gemüse gut essen kannst.

Achtsam und schweigend essen wir: kein Gespräch, kauen und schlucken ohne Worte, denn an jedem Wort kannst Du Dich verschlucken. Doch was ist das für eine *Gnade*: Zehn Monate warst Du in der Klinik, viele Monate hing Dir die Kanüle so bedrohlich am Hals, und jetzt essen wir gemeinsam in Deinem „neuen Zuhause".

Nach dem Essen blicken wir kurz auf den morgigen Alltag: um acht Uhr aufstehen, waschen und ankleiden, dann frühstücken, dann Wäsche waschen; um vierzehn Uhr Begutachtung durch den Medizinischen Dienst der Pflegeversicherung. Was dann kommt, wird sich ergeben...

Der Alltag heute ist noch nicht zu Ende. Ich spüle und trockne das Geschirr. Du verweilst noch ein paar Minuten am Tisch und rollst dann ins Bad, um Dir die Zähne zu putzen.

Wenig später putze auch ich meine Zähne. Wir beschließen den Tag: Wir sind beide sehr müde, mehr geht nicht. Du hast heute *gehend* die Klinik verlassen: Was wollen wir mehr?

Du kleidest Dich aus, legst Dich ins Bett, und ich helfe Dir dabei. Ich gebe Dir einen Kuss auf Deine Wange, streichle Dein Gesicht und wünsche Dir eine gute Nacht... „Schlafe gut, Gabriele; es ist die erste Nacht in Deinem eigenen Bett, in Deinem „neuen Zuhause" und Leben..."

Ich schlafe im Gartenzimmer neben Deinem Schlafraum. Die große Holztür, die beide Räume trennt, bleibt offen – so kann ich hören, wenn Du mich rufst...

Dreimal weckst Du mich in der Nacht, dreimal helfe ich Dir vom Bett in den Rollstuhl und begleite Dich auf die Toilette. Das ist der Alltag in der Nacht – so lange, bis Du sicher genug bist und selbst in den Rollstuhl kommst.

Ich habe gewählt, Dich weiter zu begleiten, also habe ich auch den Alltag gewählt – wie er auch sein wird.

Der Wecker klingelt; es ist acht Uhr. Langsam beginnen wir den Tag: erst mal einen Tee trinken, dann weiter ankommen im täglichen Tun...

Die Nacht war gut: Wir sind dreimal aufgestanden... Dreimal hast Du gespürt, dass Deine Blase sich entleeren will... Dreimal habe ich Dich gehört... Dreimal hast Du den Übergang vom Bett in den Rollstuhl geschafft, vom Rollstuhl auf die Toilette und zurück und dann wieder ins Bett... Dreimal bist Du und bin ich wieder eingeschlafen.

Ja, wir sind dreimal aufgestanden, doch die Nacht war gut: Keiner hat geglaubt, dass Du jemals wieder in Deinem eigenen Bett schlafen wirst.

Der Alltag heute wird bestimmt durch den Termin mit der Gutachterin des Medizinischen Dienstes. Heute entscheidet sich, ob und welche Pflegestufe Du erhältst, und damit entscheidet sich auch, ob und wann der Pflegedienst uns unterstützen kann. Die Pflegestufe 1 scheint gesichert, doch bestätigt ist sie noch nicht.

Wir sind angespannt: Im weiteren Tun finden wir die Form, die uns schützt und hält... waschen, ankleiden, frühstücken, spülen, Wäsche waschen, ruhen und verweilen, vertrauen und loslassen...

Um vierzehn Uhr klingelt die Türschelle. Pünktlich auf die Minute steht die Gutachterin in der Türe: eine praktische Ärztin mit eigener Praxis – im Auftrag des Medizinischen Dienstes. Wir übergeben den Entlassungsbericht der Rehabilitationsklinik und schildern, was geschehen ist: das Ereignis und den Weg danach.

Um fünfzehn Uhr ist die Begutachtung beendet. Zugewandt und herzlich war die Ärztin; fair und offen war die Begutachtung. Das Ergebnis wird uns in den nächsten drei Wochen durch die Pflegeversicherung schriftlich mitgeteilt: voraussichtlich Pflegestufe 1; doch das letzte Wort hat der Medizinische Dienst.

Loslassen und Vertrauen auf das letzte Wort und eine gute Entscheidung – was anderes bleibt uns jetzt nicht. Ich bin mir sicher: Du wirst eine Pflegestufe erhalten, sodass wir mit dem Pflegegeld den Pflegedienst verpflichten können, den ich ausgewählt habe.

Die erste Hürde auf Deinem weiteren Weg hinein in Dein versehrtes, *selbstbestimmtes* Leben haben wir genommen...

Wir belohnen uns mit einem Stück Käsekuchen aus dem Marktcafé, dazu mache ich eine Kanne Ostfriesentee. Wir entspannen, werden ruhig und sind dankbar; mal wieder hat uns das *Wunder* die Hand gereicht.

Wir blicken voraus in den Alltag der nächsten Wochen... In vier Tagen kommt der Geschäftsführer des Pflegedienstes, um Dich kennenzulernen und das, was zu tun ist. Sobald die Pflegestufe bestätigt ist, beginnt die „Pflege", und das heißt *„Alltag als Übung":* waschen und ankleiden mit Deiner tätigen Hilfe. Bis der Pflegedienst kommt, bin ich Dein „Pfleger" und *„übe den Alltag"* mit Dir.

In sechs Tagen beginnt Deine ambulante Rehabilitation, im Therapiezentrum für neurologische Erkrankungen, hier in Krefeld: Acht Wochen dauert sie; Montag bis Freitag von dreizehn bis siebzehn Uhr sind Deine Therapien. Eine halbe Stunde, bevor die Therapien beginnen, wirst Du vom Fahrdienst abgeholt; eine halbe Stunde, nachdem sie enden, wiedergebracht. Nach Abschluss der Rehabilitation werden die weiteren Therapien dann von freien selbstständigen Therapeutinnen zu Hause durchgeführt.

Dir bleiben also noch ein paar Tage ohne Termin, ohne Therapie, um etwas mehr anzukommen in Deinem „neuen Zuhause". Und wir können weiter *„den Alltag üben"*, der uns noch so fremd ist...

Wir haben nie zusammengewohnt und jetzt gibt uns das Leben einen Alltag, den wir nicht gewählt haben und der viel schwieriger nicht sein kann... „Schritte werden Weg" – und das Ziel des Weges ist, dass Du *selbstständig* zu Hause leben kannst. Bis dahin sind wir gefordert, den Weg zu wählen und anzunehmen – so wie er sein wird, sonst werden wir scheitern. Wir sind gefordert, die Freuden, Gaben und Augenblicke nicht zu vergessen, sonst werden wir scheitern. Wir sind gefordert, zu bleiben im Alltag, wie er auch sein wird...

Und der Alltag jetzt ist ein genussvolles Abendessen, das den guten und erfolgreichen Tag würdigt... Ich koche einen Kartoffeleintopf, dazu gibt es ein helles Bier: für Dich ein kleines Glas, für mich ein großes...

Wieder früh – so wie gestern, beschließen wir den Tag, mehr geht nicht: Was wollen wir mehr als eine faire, offene Begutachtung und eine Pflegestufe?

Wieder weckst Du mich in der Nacht dreimal... wieder begleite ich Dich dreimal auf die Toilette... wieder hast Du gespürt, dass Deine Blase sich entleeren will und wieder habe ich Deine Rufe gehört. Was wollen wir mehr?

Vier Alltage weiter...

Heute kommt der Geschäftsführer des Pflegedienstes, den ich ausgewählt habe... keine Hürde, wie die Begutachtung und Pflegeeinstufung, jedoch eine „Baustelle", die wir schließen müssen, damit die Alltage ruhiger „fließen"...

Es ist fünfzehn Uhr. Ich mache eine Kanne Ostfriesentee. Wenige Minuten später ist unser Gast da...

Wie schon bei der Pflegeeinstufung übergeben wir den Entlassungsbericht der Rehabilitationsklinik und schildern, was geschehen ist: das Ereignis und den Weg danach. Wir klären den Pflegebedarf, die Aufgaben und Kosten. Wir wünschen uns die „Pflege" sechs Tage in der Woche, außer sonntags. Da Du voraussichtlich die Pflegestufe 1 erhältst, wird das Pflegegeld nicht reichen. Was bleibt, wirst Du dann privat zahlen.

Du wünschst Dir eine Bezugspflegerin, keine wechselnden Pflegerinnen und keinen Mann. Der Geschäftsführer sagt zu mit der kleinen Einschränkung: Wenn die Bezugspflegerin verhindert oder im Urlaub ist, eine Ersatzpflegerin bestimmen zu können.

Jeden Morgen zwischen neun und zehn Uhr kommt der Pflegedienst – auch so, wie wir es gewünscht haben. Die Zeit bleibt auch verbindlich, wenn Deine ambulante Rehabilitation abgeschlossen ist.

Sobald die Pflegestufe bestätigt ist, kann die „Pflege" beginnen.

Der Geschäftsführer hat sich so vorgestellt, wie ich es erwartet habe: kompetent, zugewandt und herzlich... Du hast das sichere Gefühl, „in guten Händen" zu sein.

Wir unterschreiben den Vertrag, können aber zurücktreten, wenn keine Pflegestufe bewilligt wird. Auch diese „Baustelle" ist jetzt geschlossen. Der Alltag kann jetzt ruhiger „fließen"...

Zwei Alltage weiter...

Heute beginnt Deine ambulante Rehabilitation: drei bis vier Therapien am Tag; täglich Physiotherapie, Ergotherapie und Sprachtherapie, zweimal in der Woche ein neuropsychologisches Training. Und das acht Wochen... was für ein Programm!

Du willst *selbstständig* zu Hause leben, also gilt weiter in den Therapien: üben, Dich besser zu bewegen, besser zu sprechen, besser zu essen, besser zu denken... Mit jedem weiteren Tag und jeder weiteren Therapie wirst Du Deinen Alltag besser leben können. Du wirst selbstständiger werden: sicher vom Bett in den Rollstuhl kommen, Dich ohne Hilfe nach dem Toilettengang reinigen, Dich ohne Hilfe waschen und ankleiden, und vielleicht wirst Du in Deiner Wohnung kleine Strecken am Rollator *gehen*.

Du wirst *selbstständig* in Deiner Wohnung leben. Ich weiß es, und „es" weiß es in mir.

Zwei Wochen weiter...

Post von der Pflegekasse... Der Medizinische Dienst bestätigt die Empfehlung der Gutachterin: Pflegestufe 1 mit knapp einhundertfünfzig Pflegeminuten täglich. Neunzig Minuten waren notwendig, zweihundertvierzig Minuten hätten erreicht werden müssen für die Pflegestufe 2. Das Gutachten bestätigt das, was wir erwartet haben; das Ergebnis ist fair und entspricht dem „Pflegebedarf", so wie er ist.

Bei einer Stammhirnblutung, so groß wie ein Golfball, ist die Pflegestufe 1 ein *Wunder*. Die meisten Patienten erhalten die Stufe 2 oder 3 oder sterben. Du lebst und hast die Chance, wieder *selbstständig* zu leben. *Was für eine Gnade!*

Jetzt kann der Pflegedienst kommen; jetzt zahlt die Pflegekasse den größten Teil der Kosten.

Sonntags bleibe ich Dein „Pfleger". Wir wollen keinen Termin und den Sonntag leben – so wie er „fließt"... länger schlafen oder kürzer... waschen und anziehen oder es lassen... einfach länger frühstücken... in die „Öffentlichkeit" rollen oder es lassen... ruhen und schlafen, sprechen und spielen... und einfach üben, miteinander zu sein.

In so vielen Aufgaben war und bin ich gebunden, dass der Sonntag mir und Dir Freude, Gabe und Augenblick sein soll; still soll er „fließen" nach den bewegten, lauteren Alltagen.

Zwei Wochen weiter...

Du bist zurück im sicheren „Hafen"; alles ist organisiert, alles „fließt" – so scheint es. Doch, wenn ich den „Vorhang" öffne und in die Alltage blicke, die waren und noch kommen, erkenne ich: So sicher ist der „Hafen" nicht. Ja, das Schiff ist jetzt im „Hafen", keine Stürme mehr, keine hohen Wellen schlagen mehr gegen das Schiff; doch noch kann es nicht ankern. Noch kannst Du nicht *selbstständig* zu Hause leben. Noch fährt das Schiff im Hafenbecken und sucht seinen endgültigen Platz. Noch bin ich der *Kapitän*. In der Klinik hast Du ganz sanft Deine Hand ans Ruder gelegt; sie ist da geblieben und will da bleiben. Du wirst das Schiff jetzt mitlenken, da, wo es Dir möglich ist. Bis Du es alleine lenken kannst, ist jedoch noch ein längerer Weg, und bis dahin bin ich es, der am Ruder steht.

Seit knapp elf Monaten lenke ich das Schiff, und es werden noch viele Monate folgen, bis Du wieder die *Kaptitänin* in Deinem Leben bist. Seit knapp elf Monaten halte ich das Steuer: Meine Hände sind müde, mein Kopf und meine Seele sind müde. Ich will mal loslassen und kann es noch nicht... Ich will mich mal entbinden aus der Rolle des *Kapitäns* und kann es noch nicht... Ich will mich mal entbinden aus den Alltagen und Aufgaben, aus Deinen Ansprüchen, Bedürfnissen und Anforderungen und kann es noch nicht... Ja, ich habe mich entschieden zu bleiben, doch ich will auch bei mir bleiben. Ja, ich habe den Weg gewählt, doch ich will mal rasten und den „Rucksack" absetzen – mit all den Aufgaben und Anforderungen. Ich will mal am Wegesrand sitzen und entscheiden können, ob, wann und wohin ich weitergehe...

Darf ich bleiben bei mir und rasten wollen? Du bist doch erkrankt und versehrt, und ich bin gesund... Ja, ich darf, nur wann ich rasten kann, weiß ich noch nicht...

Alles ist organisiert, alles „fließt"... ich muss doch „nur" den Alltag leben mit Dir. Doch zu wissen, dass ich das Ruder nicht loslassen kann, fordert, belastet und ermüdet mich, macht den „Rucksack" noch schwerer. Keiner ist da, sollte ich ausfallen; keiner kann mit Dir wohnen und leben und bleiben bei Dir: Deine Schwester Eva nicht und auch Deine Lebensfreundinnen Biddy und Inga nicht.

Du gibst, was Dir möglich ist; mehr kann ich nicht erwarten...

Du willst Dein versehrtes Leben. Ja, Du trauerst um Deinen „Lebensbruch", doch ich sehe auch, wie Du Dich mit ihm „versöhnst". Du *„übst den Alltag"*, machst drei bis vier Therapien am Tag und willst weiter Freuden, Gaben und Augenblicke finden. Du machst Fortschritte, langsam und stetig: Du wirst sicherer beim Transfer vom Bett in den Rollstuhl und vom Rollstuhl auf die Toilette, und wenn Du Dich wäschst und ankleidest, brauchst Du weniger Hilfe.

Du gibst, was Dir möglich ist, und das lässt mich geben, was mir möglich ist...

Ich habe gewählt zu bleiben, also habe ich auch gewählt, mich zu „vergeben", und wenn es der Weg von mir erwartet, mich auch zu „erschöpfen". Ich habe gewählt, den Weg mit Dir zu gehen, und wenn ich hinfalle, so kann ich auch wählen wieder aufzustehen. Und wenn ich mich „vergebe" und „erschöpfe" im täglichen Tun, so kann ich doch wählen und „schöpfen" aus dem Alltag, was mir Freude und Gabe ist... Und dann geben mir die Freude und Gabe vielleicht die Rast am Wegesrand. Und dann kann ich wieder geben, was der Alltag und Weg von mir erwarten...

Also tue ich, was zu tun ist, binde mich weiter an meine unerschütterliche Zuversicht und vertraue darauf, dass Du bald die *Kaptitänin* in Deinem Leben wirst und ich das Schiff dann nur mitlenke...

Alles „fließt"... sechs Wochen bist Du jetzt in der ambulanten Rehabilitation; der Pflegedienst kommt verbindlich zu der vereinbarten Zeit, der Fahrdienst kommt zuverlässig und pünktlich, und Du *„übst den Alltag"* so wollend, besser geht es nicht...

Zwei Wochen noch, dann ändert sich der Rhythmus unserer Alltage, dann ist Deine ambulante Rehabilitation beendet. Dann werden die Therapien von freien selbstständigen Therapeutinnen zu Hause weitergeführt. Inga, Deine Lebensfreundin, ist Logopädin; sie ist gut vernetzt und empfiehlt uns zwei Kolleginnen, eine Sprachtherapeutin und eine Ergotherapeutin. Die Physiotherapeutin finde ich selbst. Alle haben ihre Praxen in der Nähe, wenige Hundert Meter von Deiner Wohnung entfernt. Alle Therapeutinnen haben langjährige Erfahrungen in der Begleitung von Patienten mit schweren Hirnschädigungen und neuromuskulären Erkrankungen.

Die Therapien müssen von einem Facharzt für Neurologie verordnet, begründet und begleitet werden. Die Krankenversicherung wünscht die fachärztliche Stellungnahme unmittelbar nach der ambulanten Rehabilitation. Mündlich hat die Versicherung die Therapien bereits zugesagt. Doch bei einer Dauerverordnung für ein Jahr hat der Medizinische Dienst das letzte Wort. Sehr wahrscheinlich heißt das letzte Wort „Ja", und die Therapien können dann in vier Wochen beginnen.

Ich empfehle Dir einen mir bekannten Neurologen, den ich nach einer Sportverletzung aufgesucht habe. Du stimmst zu. Wenige Tage nach der ambulanten Rehabilitation ist der Termin.

Alles „fließt"... es ist der letzte Tag Deiner Rehabilitation. Ein letztes Mal kommt der Fahrdienst, um Dich zu bringen. Ich hole Dich ab. Am Nachmittag besprechen wir den Abschlussbericht mit dem Leitenden Arzt...

Ich fahre um vierzehn Uhr ins Rehabilitationszentrum; im Café trinke ich noch einen Espresso. Um fünfzehn Uhr endet Deine Therapie. Wenige Minuten später bittet uns der Leitende Arzt zum abschließenden Gespräch. Ohne einleitende Worte benennt er sofort die „Fortschritte", die Du in den letzten acht Wochen gemacht hast, „Fortschritte", die auch ich in den Alltagen mit Dir gesehen und erfahren habe...

Deine Kraft und Ausdauer haben sich verbessert. Dein Rumpf ist stabiler geworden. Die Störungen Deines Gleichgewichtes haben sich gemindert.

Die Transfers gelingen Dir besser; im freien Stand bist Du sicherer; im Rollstuhl bist Du mobiler.

Die Feinmotorik und Funktionen Deines linken Armes und Deiner linken Hand haben sich verbessert; die versteiften Finger kannst Du etwas mehr strecken.

Die Lähmungen im Gesicht, im Mund und Rachen haben sich weiter zurückgebildet. Die Motorik hat sich hier deutlich verbessert. Deine Stimme ist „wacher" und klarer geworden. Du kannst festere Nahrung nun besser aufnehmen, verarbeiten und schlucken.

Deine Aufmerksamkeit und Konzentration haben sich deutlich verbessert.

Deine linke Körperseite ist weiter erheblich eingeschränkt. Ein freier Gang ist Dir weiter nicht möglich: Es bleiben die fünfzig Meter am Rollator mit Hilfe einer Therapeutin wie schon in der Klinik.

„In allen Bereichen wirst Du weitere Fortschritte machen" – so die Prognose des Leitenden Arztes. Und er glaubt, dass Du bald wieder *selbstständig* in Deiner Wohnung leben kannst.

Gibt es einen besseren Abschlussbericht? Wohl nicht!

Wir fahren dankbar nach Hause. Wir haben ein weiteres Etappenziel erreicht. Mal wieder hat uns das *Wunder* die Hand gereicht.

Wir feiern Deine „Fortschritte" und den Abschluss Deiner ambulanten Rehabilitation, bescheiden und genussvoll mit einem Stück Käsekuchen und einem Ostfriesentee.

Am späteren Abend mache ich dann wieder den Kartof-feleintopf, den Du so magst. Wieder essen wir ohne Worte: Weiter kannst Du Dich an jedem Wort verschlucken, wenn Du sprichst und isst.

Auch nach dem Essen wollen wir keine Worte finden und uns „in Ruhe lassen"... Wir schauen noch einen Film im Fernsehen...

Um elf Uhr machen wir das Licht aus.

In der Nacht weckst Du mich zweimal, damit ich Dich auf die Toilette begleite. Ja, Du bist bei den Transfers sicherer geworden, am Tag gehst Du alleine auf die Toilette, doch in der Nacht bist Du noch nicht sicher genug. Noch kann ich Dich nicht alleine auf die Toilette rollen lassen. Bald, vielleicht in zwei bis drei Monaten, wirst Du mich nicht mehr wecken müssen – so meine Prognose.

Es folgen drei Tage ohne Termin; nur der Pflegedienst kommt morgens...

Das Wetter ist mild; es ist Ende Februar und der Frühling sendet seine ersten Boten. Wir nutzen das Wetter und die Zeit und rollen ins „öffentliche" Leben...

Wir rollen zum Rheindamm, rollen auf Wegen, die Dir vor Deiner Gehirnblutung so vertraut waren. Du hast Deine „Heimat" gesund verlassen und bist in sie schwer versehrt zurückgekehrt. Bei jedem Weg ins „öffentliche" Leben wirst Du Dir Deine alte „Heimat" neu „erobern" müssen – so wie auch schon Deine Wohnung.

In der Klinik warst Du die „Königin". Wie wirst Du Dich hier draußen fühlen, unter all den „Gesunden"? Hier sind es die Gehenden und nicht die „Gelähmten", die das Ortsbild prägen. Deine Lähmungen werden gesehen, die verdeckten Erkrankungen und Begrenzungen der „scheinbar Gesunden" nicht. Also bist Du es, auf die mitleidig geschaut wird, vielleicht manchmal auch mitfühlend...

Ja, wir sind auch aus der Klinik gerollt – hinein ins „öffentliche" Leben. Doch wir haben uns meist bewegt im Umfeld der Klinik. Hier sind es die „Gelähmten" mit ihren Angehörigen, die das Ortsbild prägen. Auch im italienischen Eiscafé um die Ecke trafen wir oft Patienten mit ihren Familien.

Wir rollen zum Rheindamm, und ich staune, wie offen, wollend und selbstbewusst Du *in das Leben blickst* – so habe ich Dich nicht erwartet. *Du blickst dem Leben hier draußen ins Gesicht*, als wenn Du ihm sagen wolltest: „Hier bin ich, versehrt und doch auch *ganz*, hier bin ich, mit meinem Lebensbruch und all meinen Gaben."

Was heißt „versehrt"...? Und wer ist überhaupt „versehrt"...? Und wer „versehrt" ist – kann doch auch *ganz* sein...? Und wo bin ich es, der „versehrt" ist...?

All diese Fragen haben sich in der Klinik ganz vorsichtig ans Ruder gestellt und wollten mitlenken. Hätte ich sie von Bord gejagt, wäre ich ein schlechter *Kapitän*.

Auf dem Weg zurück in den „Hafen", auf dem Weg hinein in Dein versehrtes, *selbstbestimmtes* Leben, wollte ich die

Antworten finden und später – wenn ich „einlaufe" in *mein* verändertes Leben. Und später ist jetzt... jetzt, wo ich mit Dir rolle auf dem Rheindamm, auf vertrauten Wegen Deiner „Heimat"... und sehe, wie Du *in das Leben blickst*...

Jetzt finde ich die Antworten..., wenn ich sehe:
wie Du das Leben anlachst und das Leben Dich...
wie Du dem Rhein zusiehst, wie er fließt
und den Schiffen, wie sie mitfließen...
wie Du die Hunde begrüßt,
die sich so neugierig Deinem Rollstuhl nähern,
wie Du so würdevoll mit den Menschen sprichst,
die zu den Hunden gehören...
wie Dich der „Tassenespresso" auch in Deiner „Heimat"
wieder so genussvoll Dein Leben schmecken lässt...

Jetzt finde ich die Antworten...,
wenn ich in die Alltage blicke und sehe:
wie Deine „Strenge" sich löst
und Du milder und weicher wirst...
wie Du morgens in die Stille rollst,
Dich zum Buddha setzt und mit dem Leben meditierst...
wie Du ins Gartenzimmer ans Fenster rollst,
in Deinen Garten siehst,
Deine Blicke sich in die Bäume „setzen"
und den Vögeln zusehen, wie sie rufen und ruhen...

Jetzt finde ich die Antworten..., wenn ich sehe:
wie Du Dir selbst genug wirst,
wie Du Dich annimmst und willst.

Ja, wer versehrt ist, kann auch ganz sein, und wer ganz
ist, kann auch versehrt sein...

Es sind die Wunden und „Lähmungen" an Leib und Seele,
die mich ganz werden lassen.
Es sind alte Wunden, Trauer, Grenzen, Ziele,
die an mir „nagen" und mich „lähmen".
Es sind Lebensmuster und Entwürfe, die mich begrenzen.
Es ist das Streben, das mich „lähmt",
das immer höher, schneller, weiter will,
nicht rasten kann, nicht bleiben kann.
So viel können wir wählen, so oft sollten wir bleiben,
dem Leben folgen, wie es ist und nicht wie es sein soll.
In jeder Wunde lebt ein Wunder
In jeder Wunde lebt die Ganzheit.

Und wenn ich mit Dir im Alltag bin und wenn ich mit Dir rolle ins „öffentliche" Leben, sehe ich Deine Wunden, Deine „Lähmungen", Deine Versehrtheit, Deine *Ganzheit*. Ich bin dankbar und demütig, dass Du mich lehrst zu bleiben, zu geben und zu lieben.

Drei Tage waren uns gegeben ohne Termin: Wir waren im Alltag und „öffentlichen" Leben, haben die Zeit und Augenblicke genommen, die uns gegeben waren... Wir waren im Leben – *so wie es ist...*

Und die Alltage „fließen" weiter und wir mit ihnen. Und die Aufgaben „fließen" weiter und wir mit ihnen. Und der Alltag und die Aufgabe heute sind der Termin beim Neurologen... Voll ist das Wartezimmer: Es ist eine Praxisgemeinschaft mit drei Neurologen; wer zu wem geht, sehen wir nicht... „mitfließen", mit dem, was ist, mehr können wir nicht tun. Eine halbe Stunde warten wir, dann ist es soweit: Ich rolle Dich ins Arztzimmer. Locker, entspannt, fast hemdsärmelig begrüßt und begegnet uns der Neurologe. Wir übergeben den Entlassungsbericht der Rehabilitationsklinik, den Abschlussbericht der ambulanten Rehabilitation und schildern, was geschehen ist: das Ereignis und den Weg danach. Nach einer kurzen Untersuchung bestätigt auch der Neurologe das *Wunder*: „Frau Jans, Ihr Zustand und das, was Ihnen möglich ist, sind außergewöhnlich." Kann er Dich mehr motivieren? Wohl nicht! Er schreibt eine Begründung zur Bewilligung der Therapien und Dauerverordnung, die besser nicht sein kann. Was Du noch brauchst, ist die Bescheinigung Deiner Arbeitsunfähigkeit für die Auszahlung Deines Krankentagegeldes: Bisher haben die Kliniken diese ausgestellt; jetzt will die Krankenversicherung diese vom Neurologen. Er füllt das entsprechende Formular aus und sendet es sofort als Telefax an die Versicherung. Auch das ist erledigt.

Wieder haben wir eine „Baustelle" geschlossen. Du fühlst Dich gut „behandelt", fachlich und auch menschlich. Jetzt muss nur noch der Medizinische Dienst der Begründung folgen.

Wir rollen ins italienische Eiscafé in der Nähe der Praxis und trinken noch einen Espresso. Dann fahren wir entspannt und dankbar nach Hause und „laufen wieder ein in den Hafen", der so unerreichbar schien...

Zehn Tage später kommt die Antwort der Versicherung: Alle Therapien sind für ein Jahr bewilligt. Danach will der Medizinische Dienst eine erneute fachärztliche Stellungnahme und die Therapieberichte der Therapeutinnen. Du wirst über das eine Jahr hinaus Therapien benötigen; eine weitere Dauerverordnung und Bewilligung sind daher sehr wahrscheinlich.

Jetzt sind die Therapien bewilligt, jetzt kann ich die Termine mit den Therapeutinnen machen...

In der nächsten Woche kommen alle, um sich Dir erstmal vorzustellen. Du entscheidest dann, ob Du mit ihnen „arbeiten" willst. Ein Jahr ist vergangen seit Deiner Gehirnblutung. Du hast Dich auf so viele Menschen einstellen müssen: auf so viele Ärzte, Therapeutinnen und Pflegerinnen. Ich bin mir sicher, auch jetzt wird Dir dies wieder gelingen...

Eine Woche später... die Therapeutinnen waren da, und es ist Dir gelungen. Und auch den Therapeutinnen ist es gelungen, sich auf Dich einzustellen, und das so kompetent und achtsam.

Die Therapien können jetzt beginnen... sieben volle Therapiestunden in der Woche: dreimal Physiotherapie, zweimal Ergotherapie, zweimal Sprachtherapie. Das ist Dein Programm für die nächsten zwölf Monate, vielleicht für die nächsten Jahre. Und die Therapien sind gesetzt und werden den Rhythmus Deiner Alltage bestimmen und formen – wie das lange Pendel einer alten Wanduhr, das immerzu im Gleichklang die Seiten wechselt.

Jetzt, da alles „fließt", alles geordnet ist, „ruft" mich wieder die Frage: „Was ist und wird mit meinem beruflichen Projekt; wie und wann kann ich es wiederaufnehmen?" Ich habe entschieden zu bleiben, Dich *sicher* in den „Hafen" zu bringen, und *sicher* heißt – Dich so weit zu begleiten, dass Du *alleine* in Deiner Wohnung leben kannst. Ja, Du wirst selbstständiger, doch das reicht nicht. Und wenn es reicht, musst Du in Deiner Selbstständigkeit so *sicher* sein, dass sie beständig ist. Du musst mit Deinem versehrten Leben soweit vertraut sein, dass Du Dich beständig traust, wieder *alleine* in Deiner Wohnung zu leben. Und das ist ein Prozess und ein Weg, der mich bindet.

Ich habe mich eingelassen auf das „Risiko", mein Projekt zu verlieren, die Koffer nicht mehr einpacken zu können, nicht mehr selbstständig arbeiten zu können. Und das „Risiko" ist jetzt wieder da, so wach und mächtig, wie nie zuvor. Das „Risiko" will, dass ich mich entscheide... Ich lasse mein Projekt ruhen und suche eine Anstellung, eine Anstellung, die mir erlaubt, Dich weiter zu begleiten – so lange, bis Du *selbstständig* in Deiner Wohnung leben kannst. Es ist März: Meine Prognose ist – zum Ende des Jahres wird Dir dies möglich sein.

Ich wusste um das „Risiko", mein Projekt zu verlieren. Ich wusste aber auch, wenn ich es verliere, werde ich doch das Leben finden – *so wie es ist* und nicht, wie es sein soll. Und am Ende des Weges hat mir das „Risiko" Türen geöffnet, hinter denen ich mich verändert erwarte... geläutert, unverfälscht, erwachsen, *ganz* und auch versehrt – *so wie ich bin* und nicht, wie ich sein will oder sein soll.

Also bleibe ich, lebe und *übe den Alltag* mit Dir, tue weiter, was zu tun ist, und vertraue auf den Weg...

Einen Monat später bringe ich die sechzehnte Bewerbung zur Post. Kein Unternehmen hatte eine Stelle ausgeschrieben; allen habe ich eine Initiativbewerbung geschickt...

Du bist erleichtert, dass ich meine Koffer nicht mehr einpacke und tatsächlich bleibe...

Die Gehirnblutung hat Dein Wesen tief *erschüttert:* Du konntest mir kaum vertrauen, dass ich bleibe...

Jede Bewerbung lässt mich erkennen, wie *erschüttert* Du auch nach dreizehn Monaten noch bist: Denn die Bewerbungen sind kein Planspiel und führen zu einer Anstellung, das bedrängt Dich; Du bist verunsichert und hast Angst. Und Deine Angst wütet, kämpft und versteht... Die Anstellung löst uns aus der Nähe und *trennt* uns: So nah war ich bei Dir; wenn ich arbeite, werde ich Dir ferner sein.

Wieder ist Deine alte Angst da, dass ich gehe, weil ich es nicht mehr schaffe, Dich zu begleiten. Und die Angst wird genährt durch die Doppelbelastung: da sein bei Dir und da sein im Job. Ja, Du verstehst meine wirtschaftliche und berufliche Lage. Du kannst anerkennen, dass und wie ich bleibe. Doch Dein Verständnis und Deine Anerkennung scheinen dort zu enden, wo Deine Angst beginnt. Und ich stehe an der Grenze und verstehe Dich: Häufig scheitern Angehörige an der doppelten Belastung, nicht, weil sie nicht mehr wollen, oft, weil sie nicht mehr können. Ich kann Dir Deine Angst nicht nehmen. Ich werde Dir weiter meine unerschütterliche Zuversicht geben, weiter Dir und dem *Wunder* die Hand reichen: da sein bei Dir und da sein im Job. Und ich verspreche Dir, meine Begleitung für Dich und meinen Job *gut* miteinander zu verbinden – so dass beides bleibt. Ich verspreche Dir, da zu sein auch für mich, und wenn die Doppelbelastung zu schwer wird, werde ich die Freuden, Gaben und Augenblicke nicht vergessen.

Ja, die Alltage werden sich verändern: Ich bin Dir nicht mehr so nah, doch nah genug, Dich nicht zu verlieren und weiter zu begleiten. Ich gehe nicht von Bord: Ich bleibe der *Kapitän*, bis Du die *Kapitänin* in Deinem versehrten Leben sein kannst. Doch ich erwarte von Dir, dass Du das Schiff mitlenkst, da, wo es Dir möglich ist. Ich erwarte von Dir, dass Du Deine Hand am Ruder lässt, auch dann, wenn Deine Angst, Trauer und Wut sie wegreißen wollen.

Und wenn wir stolpern und hinfallen, lass uns wieder aufstehen und *üben.* Und wenn wir streiten, lass uns wieder leise werden, lass und wieder ein „gutes" Wort finden... *Jedes Wort kann das letzte sein.*

Und so bleiben wir in den Alltagen...

Du übst weiter in den Therapien, Dich besser zu bewegen, besser zu sprechen, besser zu essen. Und ich übe weiter, im Leben zu sein, *wie es ist*, und nicht, wie es sein soll...

Deine Angst wird leiser. Du wirst *selbstständiger* und lenkst das Schiff mit, da, wo es Dir möglich ist...

Fünf Monate hast Du mich in der Nacht geweckt: Zweimal, manchmal auch dreimal, bin ich mit Dir aufgestanden und habe Dich auf die Toilette begleitet. Ein paar Tage noch, dann rollst Du alleine. Der Transfer vom Bett in den Rollstuhl gelingt Dir jetzt sicher: Du richtest Dich auf mit Hilfe Deiner aktiven rechten Körperseite; Du greifst an den Rollator, stehst auf und setzt Dich dann vorsichtig in den Rollstuhl. Was ich so selbstverständlich in wenigen Sekunden mache, dazu brauchst Du etwas mehr als eine Minute. Doch keiner hat geglaubt, dass Du jemals wieder Dein Bett verlassen kannst, da ist eine Minute ein *Wunder.* Der Transfer vom Rollstuhl auf die Toilette gelingt Dir ebenso sicher; der Haltegriff an der Wand hilft Dir dabei...

Ein paar Tage begleite ich Dich noch, bleibe der stille Beobachter und „Sicherheitsanker", dann vertraue ich, lasse Dich selbstständig aufstehen, bleibe im Bett und höre, wie Du auf die Toilette rollst und wieder zurück. Ein paar Tage weiter bin ich angekommen im Vertrauen; nur manchmal werde ich noch wach, dann, wenn ich mich sorge... Bald werde ich auch die Sorge loslassen können, dann, wenn Du beständig und sicher viele Wochen alleine auf die Toilette gerollt bist.

Jetzt können die Bewerbungsgespräche kommen, jetzt, wo Du das Schiff so tätig und wollend mitlenkst, da, wo es Dir möglich ist. Und als ob das *Wunder* uns wieder einmal die Hand reicht, erhalte ich eine Einladung zu einem Vorstellungsgespräch... Und es ist ein *Wunder*: das Unternehmen ist ein nur Kilometer von Deiner Wohnung entfernt; es war mein Favorit unter all den Unternehmen, bei denen ich mich beworben habe...

Und es bleibt ein *Wunder*: Ich habe mich vorgestellt... ich habe den Job... ich beginne im Juli.

Fünf Wochen haben wir noch, die Nähe anzunehmen, die dann ferner wird... fünf Wochen, uns vorzubereiten und einzustimmen auf die Alltage, die dann kommen, auf die Alltage, die dann bleiben...

Fünf Wochen bis zu meinem Arbeitsbeginn, vielleicht sechs Monate noch, bis Du wieder *selbstständig* in Deiner Wohnung leben kannst... lass uns weiter dem *Wunder* die Hand reichen...

Die Alltage „fließen" weiter; leise „fließen" sie, bis die Krankenversicherung eine weitere Begutachtung veranlasst – diesmal zur Prüfung Deiner Berufsfähigkeit. Die Krankenversicherung will wissen, ob Du als Psychotherapeutin wieder arbeiten kannst, wenn ja, wie viel und wann. Sollte der Gutachter feststellen, dass Du berufsunfähig bist, endet die Zahlung des Krankengeldes. Berufsunfähig bist Du, wenn Deine Arbeitsleistung zu mehr als fünfzig Prozent eingeschränkt ist; so ist das Versicherungsrecht. Und das hieße dann für Dich: Arbeiten oder Rente. Ja, Du darfst als freie selbstständige Psychotherapeutin arbeiten, auch, wenn der Gutachter feststellt, dass Du es nicht kannst. Du könntest es aber noch nicht, und vielleicht wirst Du es auch nicht mehr wollen. Du bist vierundsechzig und warst als Therapeutin im „besten" Alter. Du wolltest Deine Praxis als „alte weise" Therapeutin schließen, und jetzt droht *das Leben*, Deine Praxis zu schließen.

Es ist zu früh für eine Entscheidung, aber nicht zu früh anzuerkennen, was ist...

Solltest Du wieder arbeiten können, werden die meisten Deiner Klientinnen ihre Therapie bei anderen Therapeuten fortgesetzt haben. Wenige Klientinnen werden warten können oder wollen, bis Du wieder arbeitsfähig bist. Das bedeutet: Du müsstest Deine Praxis neu aufbauen und das nach Deiner schweren Stammhirnblutung – so versehrt wie Du jetzt bist. Nichts ist mehr, wie es vor Deiner Gehirnblutung war, nichts wird mehr so sein, wie es war... das war meine „Prognose", und sie ist jetzt wahr; sie erschüttert und schmerzt Dich, und sie bleibt. Ich bin mir sicher, dass Du Deine Praxis schließen wirst: Du willst diese Wahrheit noch nicht vollständig annehmen. Vielleicht wirst Du mit einigen Klientinnen weiterarbeiten können und wollen; vielleicht die Therapien abschließen können. Vielleicht werden die Klientinnen sich Dir annähern können – so versehrt wie Du jetzt bist. Du sitzt im Rollstuhl und bist nicht mehr die „Lichtgestalt", die Du für Deine Klientinnen warst. Die „Übertragungen" greifen nicht mehr. Ja, Du bist auch „ganz" – doch, das zu erkennen und anzunehmen, müssen die Klientinnen sich trauen: Sie müssen ihre „Übertragungen" und „Projektionen" zurücknehmen und loslassen. Die Klientinnen müssen annehmen, dass auch ihre Therapeutin erkranken kann, die doch so gesund und unverletzlich schien: Sie müssen anerkennen, wie unsicher, verletzlich und endlich das Leben ist – zu jeder Zeit. Das erschüttert – sind doch viele Klientinnen zu Dir gekommen, um Sicherheit und Heilung zu finden.

Auch wenn Du mit einigen Klientinnen weiterarbeiten kannst, wird der Verdienst nicht reichen, um Deinen Lebensunterhalt zu verdienen. Also wird die Rente wahrscheinlich, auch, wenn der Gutachter Deine Berufsfähigkeit bestätigt. Und, wenn er sie jetzt bestätigt, wie wird er später entscheiden? Vielleicht wird die Krankenversicherung Deine Arbeitsunfähigkeit noch ein Jahr akzeptieren, spätestens dann wird der Gutachter feststellen, dass Du nicht mehr arbeiten kannst.

Der Medizinische Dienst schickt uns nach Bochum. Gutachter ist ein Facharzt für Neurologie, Psychiatrie und Psychotherapie, also auch ein „Kollege".

Die Begutachtung ist fair und offen. Das Ergebnis habe ich erwartet und hätte nicht anders sein können: Du bist weiter arbeitsunfähig; ob Du berufsunfähig bist im Sinne des Versicherungsrechtes, das wird der Gutachter beim nächsten Termin entscheiden. Er empfiehlt der Versicherung einen Termin in sechs Monaten. Das letzte Wort hat auch hier wieder der Medizinische Dienst: Sehr wahrscheinlich wird er dem Ergebnis und der Empfehlung des Gutachters folgen. Dir sind also weitere Monate gegeben anzuerkennen, dass Du als Psychotherapeutin nicht mehr auf die „Bühne" zurückkehren wirst, die Du vor siebzehn Monaten verlassen hast. Um Dich aus der „Rolle" der Therapeutin zu lösen, wirst Du länger brauchen, vielleicht Jahre.

Die Begutachtung Deiner Berufsfähigkeit beschließt die formalen Aufgaben, die so grundsätzlich waren, damit Du wieder *selbstständig* zu Hause leben kannst und das *Wunder* geschehen konnte.

Ich blicke zurück in den Weg und die Aufgaben: auf die Wahl der Rehabilitationsklinik und der ambulanten Anschlusstherapie..., auf die Pflegeeinstufung und die Wahl des Pflegedienstes..., auf die Bewilligung der Therapien und die Wahl der Therapeutinnen und zuletzt auf die Begutachtung Deiner Berufsfähigkeit... Ich blicke zurück auf das, was wurde, und bin dankbar und demütig. Ich habe Dich nach bestem Wissen und Gewissen begleitet. Besser hätte ich die Aufgaben nicht erfüllen können und besser hätten alle, die beteiligt waren und noch sind, ihre Aufgaben nicht erfüllen können. *Was für eine Gnade!*

In einer Woche beginnt meine Arbeit. Lass uns die letzte Etappe gehen – hinein in Dein versehrtes, *selbstständiges* Leben. Lass uns bleiben in den Alltagen, die kommen und sich wieder und wieder ereignen. Lass uns weiter üben und sein. Lass uns die Alltage annehmen und leben – *so wie sie sind* und nicht wie sie sein sollen.

Sechs Wochen weiter... Wir haben die Alltage angenommen *wie sie sind...*

Um sieben Uhr stehe ich auf, Du eine halbe Stunde später; den Transfer in den Rollstuhl schaffst Du alleine... Wir frühstücken bis halb neun... Fünfzehn Minuten später verlasse ich die Wohnung... Meine Arbeit beginnt um neun Uhr... Der Pflegedienst kommt in der Zeit von neun bis zehn Uhr... Die Therapeutinnen kommen in der Zeit von elf bis fünfzehn Uhr... Meine Arbeit endet um achtzehn Uhr... Wenige Minuten später bin ich zu Hause... Wir trinken einen Tee... Danach koche ich... Wir essen... Ich spüle... Dann ziehst Du Dich aus mit meiner Hilfe und putzt Deine Zähne... Du legst Dich ins Bett; den Transfer ins Bett schaffst Du alleine... Ich trinke noch einen Tee, lese die Tageszeitung und gehe dann auch ins Bett.

Am Samstag kaufen wir ein für die folgende Woche, danach putze ich die Wohnung und wasche.

Am Wochenende finden wir Freuden, Gaben und Augenblicke: rollen ins Café und trinken einen Espresso; rollen zum Rheindamm oder fahren in die Rheinauen.

Du übst weiter, selbstständiger zu werden; übst, das Schiff mitzulenken, da, wo es Dir möglich ist; übst, Dich zu verorten in Deinem versehrten Leben.

Und in den Alltagen, die waren und sind, war und bin ich Dir nah in der Ferne, bleibe bei Dir, im Job und bei mir.

Wir haben die Alltage angenommen, wie sie sind... Und wenn wir stolpern und hinfallen, dann stehen wir wieder auf und üben weiter. Und wenn ein lautes Wort fällt, finden wir wieder ein leises und „gutes" Wort... *Jedes Wort kann das letzte sein.*

Wir haben die Alltage angenommen, wie sie sind. Wir haben so viel getan und geübt... alles „fließt" – und weil das so ist, sollten wir uns *belohnen*, uns einen Alltag schenken, ohne Aufgaben, ohne Tun. Ich habe in einer Woche Geburtstag... gibt es einen besseren Tag, mich und Dich zu *belohnen?* Wohl nicht! In meinen ersten Arbeitswochen habe ich Überstunden gemacht, diese nehme ich nun für meinen Geburtstag.

Wir entscheiden, nach *Arcen* zu fahren. Immer schon wollten wir nach *Arcen:* hier entlang der *Maas* gehen, im Schlosspark wandeln und das niederländische Gebäck genießen. Jetzt sitzt Du im Rollstuhl; jetzt nehmen wir uns die Zeit... vielleicht jetzt erst, da wir wissen, wie zerbrechlich und endlich das Leben ist.

Eine Woche weiter... Wir fahren nach *Arcen*, das Wetter ist gut, die Sonne strahlt. Die Fahrt ist ruhig; die Autobahn ist frei. Wir sind fast andächtig still, manchmal finden wir ein paar Sätze, manchmal ein leises Lächeln, manchmal eine leise Träne. Nach vierzig Kilometern überqueren wir die Grenze in der Nähe von *Venlo*; zehn Kilometer weiter sind wir in *Arcen*. Wir parken in der Nähe des Schlossparks. Ich unterstütze Dich beim Übergang vom Auto in den Rollstuhl, nehme meinen Rucksack und rolle mit Dir in den

Ort, mitten hinein ins „öffentliche" Leben. Ich merke, wir sind in den Niederlanden: Keiner schaut mitleidig, unsicher oder verlegen; hier gehörst Du dazu. Die Niederländer sind einfach weiter im Umgang *„mit ihren Versehrten"*. Wir flanieren an den kleinen Geschäften vorbei. Ja, das ist möglich, auch im Rollstuhl. Menschen, Stimmen und Wörter ziehen vorbei. Es ist ein warmer, sonniger Tag; viele Menschen hatten die gleiche Idee wie wir. Die Cafés sind gut gefüllt. Tassen und Teller klappern im Hintergrund. Wir finden ein Café direkt an der *Maas*. Hier wollen wir sitzen und verweilen, einen Apfelpfannkuchen essen und einen „koffie verkeerd" trinken, auf Deutsch also einen „verkehrten Kaffee" oder Milchkaffee. Doch erstmal rollen wir runter an das Ufer der *Maas*... schauen zu, wie die Sonne strahlt, die Wolken ziehen, das Wasser fließt und die Schiffe mitfließen...

Und, wenn ich so sitze an Deiner Seite und Deinen *„Augenblicken"* folge, erinnere ich die ersten „Reisen" mit Dir ins „öffentliche" Leben, die „Hibiskusrunden" in der Klinik, die Ausflüge in die „Brücker Hardt", die Fütterung der Wildschweine. Ich sehe die Dose Wildfutter, die jetzt neben Deinem Buddha liegt und hier uns erinnert, nicht müde zu werden und weiter zu bleiben in den Alltagen, die sich wieder und wieder ereignen. Und, wenn ich so sitze an Deiner Seite, sehe ich, wie Du nicht müde wirst, Dich mit Deinem versehrten Leben zu versöhnen...

Wir rollen entlang der *Maas* weiter zum Schlosspark. Ein weitläufiger Park erwartet uns – mit einzigartigen Gärten voller Düfte, Farben und exotischer Anblicke. Zweiunddreißig Hektar groß ist der Park: zu groß, zu viele Gärten, zu viele Wege für einen ersten Besuch... Wir lassen uns treiben, rollen, ohne den Parkführer zu nutzen, und sind einfach im Augenblick. Wir rollen über den Schlosshof zum Rosengarten, weiter zum Felsengarten und Bambuswald, vorbei an Skulpturen, Teichen und Bächen, an schwarzen Schwänen und kanadischen Gänsen. Öfter sitzen und verweilen wir auf einer der vielen Parkbänke und *tauchen ein* in ungewöhnliche, zuweilen überraschende Perspektiven. Wir erblicken den japanischen Ahorngarten: Ganz still werden wir im Anblick; ganz still ist er da, als wolle er uns sagen... „Alles ist gut, *so wie es ist"*. Und so rollen wir weiter von Augenblick zu Augenblick und finden Freuden und Gaben. Nach drei Stunden zieht uns der Genuss zurück in den Ort. Wir kommen wieder, vielleicht im Herbst, vielleicht im nächsten Frühjahr. Wir rollen entlang der *Maas* bis zum Café *Alt Arcen*, das Café, in das wir schon bei der Ankunft einkehren wollten. Wir rollen auf die Sonnenterasse; am Eingang parke ich Deinen Rollstuhl. Ich nehme Dich an meinen Arm und helfe Dir beim Übergang an den Tisch. Jede Chance nutze ich, um mit Dir zu *gehen,* und wenn es nur einige Meter sind. Und Du fühlst Dich „*ganz"* und nicht so versehrt, wenn Du ohne Rollstuhl am Tisch sitzen kannst. Wir bestellen jeder einen Apfelpfannkuchen und einen *„koffie verkeerd".* Deine linke Hand ist weiter so eingeschränkt, dass ich Dir Deinen Apfelpfannkuchen in kleine Stücke schneide. Doch das nimmt Dir die Freude nicht: So genussvoll kannst Du wieder Dein Leben schmecken. Vom „Löffelespresso" zum Apfelpfannkuchen mit Milchkaffee... *was für ein Weg!*

Wir blicken über die *Maas* in saftige grüne Wiesen, sehen dem Wasser und den malerischen Wolken zu, wie sie sich fortbewegen. So bleiben wir eine Stunde sitzen. Manchmal finden wir ein paar Sätze, die das *Wunder* würdigen, diesen Tag so erleben zu können. Manchmal blicken wir zurück in den Weg, der hinter uns liegt, und auf das, was Dir wieder möglich ist: hier sitzen, verweilen und schauen, essen und trinken, denken und sprechen und dann wieder aufstehen und an meinem Arm zu Deinem Rollstuhl *gehen*... „Warm, satt und sauber" im Pflegeheim, *das* war Deine Aussicht nach Deiner schweren Gehirnblutung. Und jetzt wärmt uns die Sonne, und wir sind satt vom Apfelpfannkuchen. Gibt es ein größeres Geschenk zu meinem Geburtstag? Wohl nicht! Gibt es ein größeres Geschenk als die Freuden, Gaben und Augenblicke, die wir heute gefunden haben? Wohl nicht!

Es ist siebzehn Uhr. Wir haben den letzten Schluck unseres Milchkaffees getrunken...

Ich nehme Dich wieder an meinen Arm und *gehe* mit Dir zu Deinem Rollstuhl. Ja, ich *gehe* mit Dir. Ich erinnere die Worte des Leitenden Oberarztes, der mir „erlaubte" zu träumen, aber mehr nicht, als ich ihm sagte: „Du wirst *gehend* die Klinik verlassen."

Wir rollen noch einmal runter zur *Maas* und dann weiter zum Parkplatz. Ich helfe Dir beim Übergang ins Auto. Wir fahren zurück in Dein „neues" Zuhause, in den „Hafen", der so unerreichbar schien.

Was für ein Geburtstag! Was für eine Gabe! Was für eine Rast am Wegesrand!

So entspannt war ich lange nicht. Vor Monaten drohte ich zu erschöpfen... Ich wollte mal loslassen, mich mal entbinden aus er Rolle des *Kapitäns*, aus den Alltagen, aus den Aufgaben und Anforderungen. Ich wollte mal rasten, mal am Wegesrand sitzen und entscheiden können, ob, wann und wohin ich weitergehe...

Ich bin mit Dir weitergegangen und habe entschieden, zu wählen und zu „schöpfen" aus den Alltagen, was mir Freude und Gabe ist... Und dann geben mir die Freuden und Gaben vielleicht die Rast am Wegesrand... Und dann kann ich wieder geben, was der Alltag und Weg von mir erwartet... Und so ist es. Und so war es heute. Und so bleibt es.

Wir kehren zurück nach Hause, zurück in unsere Alltage und Aufgaben, und die wichtigste Aufgabe bleibt: Alles zu tun, damit Du bald *selbstständig* in Deiner Wohnung leben kannst...

Ich lege den Parkführer des Schlossparks neben die Dose Wildfutter. Beides zeigt uns, was möglich wurde, weil wir wagten, dem *Wunder* die Hand zu reichen und das *„Unmögliche"* zu glauben.

Zwei Monate weiter... Es ist Mitte Oktober, neunzehn Monate nach Deiner Gehirnblutung...

Wir haben das *„Unmögliche"* geglaubt, gewagt und getan... Das Ziel ist erreicht: Du kannst und willst in zwei Monaten *selbstständig* in Deiner Wohnung leben.

Du kannst denken, sprechen und essen. Du hast geübt, Dich besser zu bewegen: Dein versehrter Körper ist Dir gefolgt; er hat Deinen Willen angenommen und sich von Dir besser bewegen lassen. Du hast Dich soweit in ihm verortet und Du bist soweit mit ihm vertraut, dass Du Dich sicher genug fühlst, *alleine* in Deiner Wohnung zu leben...

Die Transfers in und aus dem Rollstuhl bleiben sicher. Du kannst alleine auf die Toilette rollen, am Tag und in der Nacht: Du kannst Dich entkleiden, reinigen und anziehen. Es ist Dir möglich, Dein Frühstück zu machen, Dich anschließend zu waschen und anzuziehen. Die Pflegerin hat ihre Hilfe weiter zurückgenommen: Heute steht sie nur noch neben Dir, um Dich zu halten, solltest Du wanken, und Du wankst kaum noch. Dein Stand ist sicher: Nachdem Du Dir im Sitzen die Hose über die Unterschenkel und Knie gezogen hast, kannst Du aus dem Rollstuhl aufstehen, die Hose hochziehen und Dich wieder hinsetzen. Deinen linken Arm kannst Du so weit heben, dass Du nun alleine Deine Jacke anziehst. Die Socken streifst Du mit Hilfe eines Sockenanziehers über Deine Füße. Auch die Schuhe oder Sandalen kannst Du ohne Hilfe anziehen, wenn sie ohne Schnürung sind und einen Klettverschluss haben... Und alles, was Du angezogen hast, kannst Du abends ausziehen, um dann für die Nacht Deinen Schlafanzug anzuziehen...

Wir entscheiden, dass ich noch bis Ende des Jahres bleibe, dann kehre ich zurück in meine Wohnung. Zwei Monate wird der Pflegedienst Dich noch begleiten. Wenn er dann aussteigt, wird eine Betreuerin Dich weiter unterstützen, da, wo es notwendig ist: einkaufen und kochen für Dich, putzen und waschen, Dich duschen, der „Sicherheitsanker" an Deiner Seite sein, wenn Du Dich ankleidest. Und da, wo Du *mitmachen* kannst und willst, wird die Betreuerin ihre Dienste dann später sanft zurücknehmen.

Das Ziel ist erreicht... Dahinter geht der Weg weiter... In zwei Monaten übergebe ich Dir das Ruder, dann lenke ich Dein Leben *„nur"* noch mit, da, wo es Dir nicht möglich ist. Und, wenn ich dann zurückkehre in meine Wohnung, bin ich nicht weg; ich bin da und bleibe – an den Wochenenden und immer, wenn Du mich rufst und brauchst, immer, wenn etwas zu tun ist, was Du alleine noch nicht tun kannst oder willst.

Ich werde weiter die Abrechnungen machen für die Krankenversicherung, Deine finanzielle Absicherung organisieren und mit Dir den Übergang gestalten von der Psychotherapeutin zur Rentnerin. Ich werde Dich begleiten zum Neurologen und mich kümmern um die Verordnungen Deiner Therapien. Ich werde Dich begleiten zum Gutachter, solange Deine Berufsunfähigkeit nicht festgestellt ist.

Ja, Du wirst Dein Leben jetzt selbst lenken. Du wirst die *Kapitänin* in Deinem Leben. Und Du wirst den Kurs bestimmen. Doch Du wirst meine Hand noch am Ruder brauchen. Und vielleicht wirst Du immer einen *„Steuermann"* brauchen oder wollen, der Dein Leben mitlenkt? Und wenn Du es willst, bleibe ich Dein *„Steuermann"*.

Wir bleiben in den letzten gemeinsamen Alltagen, in den Aufgaben, in den Freuden, Gaben und Augenblicken...

Noch einmal „*beschenkt*" uns das *Wunder*: Wir haben eine Betreuerin gefunden – eine Bekannte Deines Vermieters mit langer Erfahrung in der privaten häuslichen Pflege und Begleitung. Und sie kann Dir kaum *näher* sein: Nur fünfhundert Meter entfernt von Deiner Wohnung lebt sie mit ihrer Familie... So kann ich zurückkehren in meine Wohnung; so kann ich Dich loslassen...

Wir lösen uns langsam aus der Nähe, die nun ferner wird. Wir trennen uns nicht. Wie auch? Unsere Leben und Grenzen haben sich verschoben: ähnlich wie zwei Flüsse, die ineinanderflossen, sich verbunden haben, um dann verbunden ins große Meer zu strömen. Wie will ich das eine Wasser vom anderen trennen und wie unterscheiden? Wer fließt mit wem? Unsere Leben und Grenzen verlaufen im „*Du*": Ich fließe in Dir und Du in mir... So war es. So ist es. So wird es immer sein... Was auch wird!

Januar 2014... einundzwanzig Monate nach Deiner Gehirnblutung: Ich verlasse das Gartenzimmer, in dem ich ein Jahr gewohnt habe, stelle alles an seinen alten Platz, packe meine Tasche, lege noch einmal meine Hand in Deine, umarme Dich und kehre zurück in meine Wohnung...

Du hast es geschafft... Du kannst wieder *selbstbestimmt* und *selbstständig* leben...

Jahre danach

Zwanzig Jahre waren wir Lebensgefährten, dann wurden wir Lebensfreunde, dann kam Deine Gehirnblutung – und das Leben hat uns verbunden wie nie zuvor...

Fünf Jahre nach Deiner Erkrankung und drei Jahre nach meinem Auszug haben die Alltage uns getrennt. Wir sind uns in der Ferne verbunden und nah geblieben.

Du hast alte Beziehungen wiederbelebt und neue gefunden. Du hast eine Betreuerin an Deiner Seite, die Dir näher und vertrauter nicht sein kann.

Ich bin zurückgekehrt in meine Beziehungen, die nicht mehr sind, wie sie waren. Ich habe mich verändert; die Beziehungen haben sich verändert und verändern sich weiter. Ich lebe in einer neuen Lebenspartnerschaft..., in einer Wirklichkeit, die uns hätte spalten und zerreißen können.

Wir sind geblieben... in unserem Weg, in unserer Lebensfreundschaft, in unserer Zuversicht, Treue und Liebe. Und wenn die Alltage uns trennten, wenn der Weg uns schmerzte – so strömten wir weiter... wir blieben zwei Flüssen ähnlich, die ineinanderflossen, um dann verbunden ins große Meer zu strömen. Und wenn ein lautes Wort fiel, dann blieben wir achtsam, dann fanden wir wieder ein leises Wort. Wir fanden ein „gutes" Wort, denn wir wussten: *Es kann das letzte Wort sein*, was uns verbindet.

Wir sind geblieben im Wort, in den Freuden, Gaben und Augenblicken. Wir sind geblieben in dem, was sich ereignet hat und wurde – seit Du wieder *selbstständig* zu Hause lebst...

Und was hat sich ereignet? Was wurde? Was ist? Wo stehst Du? Wo stehe ich?

Du hast entschieden, Deine Praxis nicht mehr aufzubauen. Du hast angenommen, dass Du nicht mehr als Psychotherapeutin arbeiten kannst und auch willst. Der letzte Gutachter hat dann festgestellt, was wir erwartet haben: Du bist berufsunfähig. Ja, Du hast Deinen Beruf verloren, aber nicht Dein Leben.

Die Alltage „flossen" ruhig. Du hast Deine Therapien gemacht. Du hast weiter geübt, Dich besser zu bewegen, besser zu sprechen, besser zu essen... Du hast weiter Dein versehrtes Leben *geübt* – bis Dich Dein Leben noch einmal herausgefordert hat...

Ein Jahr nach meinem Auszug hast Du Dir bei einem Sturz in der Küche Deine Hüfte gebrochen. Wieder war alles da, was schon verabschiedet war: Klinik, Operation, Rehabilitation und die Sorge, ob Du *gehend* die Klinik verlässt. Wieder wurde das Pflegeheim möglich, und wieder wurde *„alles gut"*. Fünf Wochen nach dem Sturz warst Du wieder zu Hause; sechs Wochen danach, hast Du wieder *selbstständig* in Deiner Wohnung gelebt. Alles, was Dir vor dem Sturz möglich war, hast Du Dir mit intensiver Therapie zurückgeholt. Wieder hast Du Dich mit Deinem *unerschütterlichen* Willen und Glauben verbunden. Wieder habe ich meine *unerschütterliche* Zuversicht hinzugegeben.

Heute bewegst Du Dich in Deiner Wohnung wieder so selbstverständlich und sicher wie vor Deinem Sturz. Meist bewegst Du Dich im Rollstuhl; manchmal *gehst* Du am Rollator.

Wenn wir zum Rheindamm rollen oder in die Rheinauen, nehme ich Dich an meinen Arm und *gehe* einige Meter mit Dir. Mehr als fünfzig Meter sind es nicht geworden, zu eingeschränkt sind Deine Koordination und Dein Gleichgewicht. Doch fünfzig Meter bleiben ein *Wunder*.

Deine Stimme hat sich weiter verbessert; manchmal höre ich die Töne und Klänge Deiner alten Stimme. Dein Schlucken hat sich so weit verbessert, dass Du fast alles essen kannst. Doch weiterhin schweigen wir beim Essen; weiterhin kannst Du Dich verschlucken, wenn Du isst und sprichst.

Ja, es schmerzt Dich immer wieder mal, dass Du nicht ohne Hilfe ins „öffentliche" Leben rollen kannst, dass Du nicht ins „öffentliche" Leben *gehen* kannst und *rollen* musst. Es schmerzt Dich, dass Du nach dem Tod Deiner Hündin *Bacheba* keinen Hund mehr haben kannst, nicht mehr in die Natur *gehen* kannst, keinen Ball mehr werfen kannst, den Dir Dein Hund dann zurückbringt. Es schmerzt Dich, wenn die Sonne im Frühjahr scheint, nicht mehr in Deinem Garten arbeiten zu können. Es schmerzt Dich, nicht einfach aufstehen zu können und zu *gehen,* wohin Du willst. Doch Du bist immer wieder zurückgekehrt in Deinen unerschütterlichen Willen und Glauben. Du blickst milde auf das, was Du nicht mehr kannst; Du siehst, was Dir möglich ist. Du versöhnst Dich mit Deinem „Lebensbruch", *übst* Dein *versehrtes* Leben und vergisst nie die Freuden, Gaben und Augenblicke. Immer wieder nimmst Du Dich an, so versehrt und doch auch so *ganz*, wie Du jetzt bist. Ich erlebe, wie Du Dir als Psychotherapeutin selbst die beste Therapeutin bist. Ich erlebe, wie Deine lange buddhistische Schulung Dir hilft, im Leben zu sein, *wie es ist*, wie sie Dir hilft, Dich in Deinem Leben zu verorten...

Und Dein Weg zeigt mir: wie ich mich mit meinen „Lebensbrüchen" versöhnen kann, wie ich in meinem Leben sein kann, *wie es ist* und nicht wie es sein soll. Du hast mich mitgenommen auf eine „Reise", die mein Leben *neu* ordnet und verortet. Die „Reise" hat mir Anforderungen und Aufgaben gestellt, die unannehmbar schienen. Die „Reise" hat mich gelehrt, die Verantwortung zu nehmen, die mir gegeben wurde und im Weg zu bleiben, wie er auch sei...

„Schritte werden Weg" – so bin ich den Weg mit Dir gegangen. Niemals hätte ich gedacht, einmal meine Philosophie so *verbindlich* leben zu müssen... Der Weg hat mich gelehrt, im gegenwärtigen Schritt zu sein, nicht in meinen Ängsten zu verharren und zu erstarren, mitzufließen mit dem, was ist, und anzuerkennen, dass ich fließendes Wasser nicht festhalten kann. Der Weg hat mich gelehrt, mich mit dem Ziel zu verbinden, das Ziel loszulassen und alle Energie in den nächsten Schritt zu geben und heute zu gestalten, was morgen ist... Und der Weg hat mich gelehrt, mich zu „vergeben" und zu „erschöpfen" und mich dennoch nicht zu „verlieren". Ich habe meine Kraft gefunden, meine Zuversicht, meinen Mut, meine Demut. Ich habe *meinen Weg* gefunden.

Du hast mich mitgenommen auf eine „Reise", die mir gezeigt hat, wie zerbrechlich, ungesichert und endlich das Leben ist. Du hast mich gelehrt: *„Jedes Wort kann das letzte sein; jeder Schritt, jeder Atemzug, jeder Tag kann der letzte sein..."* Diese Wahrheit, hat mein Leben erschüttert, verschoben und beständig verändert..., und sie tut es weiter...

Ich strebe, leiste, wähle weniger... Ich trete kürzer, bleibe stehen, bleibe länger, raste öfter... Es gingen die Pläne und Entwürfe, die Ziele und das Morgen... Es kamen das Jetzt, der Weg und der Müßiggang... Es kamen die Augenblicke, die Langeweile und die Stille... Und wenn ich mal wieder das Leben werten, regeln, ordnen, klären will, mal wieder mit dem Leben streiten, ringen, toben will, dann denke ich an Dich, wie milde, friedvoll und gewährend Du im Leben bist... Und wenn ich mal wieder von meinem Körper mehr will, als er geben kann, denke ich an Dich, sehe Dich im Rollstuhl und bin dankbar, dass ich *gehen* kann, wann und wohin ich will...

Ich folge dem Leben, *so wie es ist* und nicht, wie es sein soll... *Ich bin.*

Weil *ich bin,* weil mein Leben langsamer „fließt" und stiller ist, weil Du angekommen bist in Deinem versehrten, *selbstbestimmten* Leben, ist Platz auf meiner *inneren Bühne...* Wieder und wieder zeigt sich der Weg mit allem, was sich ereignet hat. Die Ereignisse erinnern mich, manchmal erschüttern und bedrängen sie mich, manchmal schmerzen sie mich, als wollten sie mir sagen: „Sieh hin, fühle hin, habe keine Angst mehr, alles wurde gut". Wenn ich dann hinsehe und hinfühle, verlieren die Ereignisse ihre Macht... Ich erschüttere kaum noch, wenn ein Rettungswagen mit lauter Sirene an mir vorbeifährt und mich erinnert, wie ich mit Dir in die Klinik fuhr. Kaum noch erschüttere ich, wenn ich am Wochenende bei der Bank Geld hole, sich die Türe öffnet und ich die Türe zur Intensivstation höre. Und wenn das Blaulicht und das Türschloss meine Erinnerungen „erwecken", dann erinnere ich mich nicht nur an das Drama, ich weiß: Ohne Rettungswagen und Intensivstation würdest Du nicht mehr leben; Du hättest nicht *gehend* die Klinik verlassen; Du würdest nicht *selbstständig* zu Hause leben.

Der Weg verblasst... Wie ein Vorhang zieht sich die Gegenwart vor die Ereignisse und Spuren. Manchmal ziehen die Erinnerungen den Vorhang auf und geben mir und uns noch mal einen Blick in den Weg. Und dann schließt der Alltag den Vorhang wieder...

Doch der Weg bleibt...

Zeitfracht Medien GmbH
Ferdinand-Jühlke-Straße 7
99095 Erfurt, Deutschland
produktsicherheit@kolibri360.de